菏泽市脱贫攻坚案例丛书

HEZESHI TUOPIN GONGJIAN ANLI CONGSHU

守底线

菏泽市扶贫开发办公室◎组织编写

中国文联出版社

图书在版编目（ＣＩＰ）数据

守底线 / 菏泽市扶贫开发办公室组编 . -- 北京 :
中国文联出版社，2021.12
　ISBN 978-7-5190-4631-6

　Ⅰ . ①守… Ⅱ . ①菏… Ⅲ . ①扶贫－工作经验－菏泽
Ⅳ . ① F127.523

中国版本图书馆 CIP 数据核字 (2021) 第 280908 号

组　　编　菏泽市扶贫开发办公室
责任编辑　胡　笋
责任校对　吉雅欣
封面设计　诗　御

出版发行　中国文联出版社有限公司
社　　址　北京市朝阳区农展馆南里 10 号　　邮编　100125
电　　话　010-85923025（发行部）　010-85923066（编辑部）
经　　销　全国新华书店等
印　　刷　北京虎彩文化传播有限公司

开　　本　710 毫米 ×1000 毫米　　1/16
印　　张　8.25
字　　数　120 千字
版　　次　2021 年 12 月第 1 版第 1 次印刷
印　　次　2023 年 4 月第 2 次印刷
定　　价　45.00 元

《守底线》编委会

指导单位：中国扶贫发展中心

主　　任：蔡维超　陆汉文

副 主 任：刘　军　江立华　罗　聪

编　　辑：杨永伟　陈　硕　高晓薇
　　　　　于　凰　向　梦

照片提供：菏泽市摄影家协会

序 言

　　菏泽古称曹州，地处鲁苏豫皖四省交界。作为发达地区的欠发达地区，菏泽市贫困人口集中凸显出一种特质，即以老弱病残为主。如何有效解决农村老弱病残问题，成为菏泽市打赢脱贫攻坚战的关键问题。

　　2013 年 11 月 26 日，习近平总书记亲临菏泽市视察，是菏泽市历史上一个具有里程碑意义的重要时刻。关于菏泽市的扶贫工作，习近平总书记指出，抓扶贫开发要紧紧扭住增加农民收入这个中心任务、健全农村基本公共服务体系这个基本保障、提高农村义务教育水平这个治本之策，突出重点，上下联动，综合施策。其中，"编织一张兜住困难群众基本生活的安全网，坚决守住底线"，为菏泽市在脱贫攻坚实践中着力解决农村老弱病残群众的贫困问题指明了方向。

　　八年来，菏泽市始终牢记习近平总书记的嘱托，把关于菏泽市扶贫工作的指示精神化作工作动力，凝心聚力，破解老弱病残。一是政府创新工作机制，建立健全以农村低保、专项救助、医疗保障、残疾人救助、博爱教育、周转房保障等一系列工作体制，保障了老弱病残群体稳步脱贫发展。二是完善利益联结机制，推进扶贫车间和扶贫产业的发展，集中财力实施有利于老弱病残群体发展的产业项目，在保证老弱病残群体兜底收益的同时，还能将其纳入产业链条之中，赚取稳定的工资收益。三是大力开展志愿服务，推动"企业家认领贫困村、'两代表一委员'认领贫困户、爱心人士认领留守儿童和贫困生、志愿者认领孤寡老人"的"四认领"活动，尤其是优先关注认领老弱病残等弱势群体。四是坚持扶贫与扶志、扶智相结合，激发内生动力，弘扬传统孝文化，调动老弱病残等贫困人口和家庭的积极性、主动性，积极参与到脱贫攻坚伟大历程中，实现自主脱贫和稳定脱贫。

菏泽市通过构筑政府主导、市场吸纳、社会合力、内部增能等互动互补的综合保障体系，不断提升老弱病残群众生活质量。到 2020 年底，包括老弱病残在内的 61.4 万贫困人口全部彻底摆脱贫困。在巩固拓展脱贫攻坚成果同乡村振兴衔接的新阶段，可以从完善老弱病残群体防止返贫动态监测和帮扶机制，建立健全农村老弱病残群体常态化帮扶机制，持续拓展老弱病残家庭增收机会、增收能力，进一步增强老弱病残家庭的内生发展动力等几个方面，继续巩固并提升农村老弱病残群体服务水平，从而保障他们生计的可持续发展。

目 录

第一章　历史巨变：老弱病残问题从"顽疾难除"到"彻底根治"

一、问题背景

贫困伴随着人类的发展进程而产生，包括物质贫困、能力贫困、权利贫困等三个方面。在城乡二元社会结构下，农民整体属于社会弱势群体，而农村中的老年人、患病人员、残疾人等更是弱势群体中的弱势群体。作为发达地区的欠发达地区，菏泽市贫困人口集中凸显出一种特质，即以老弱病残为主。如何有效解决农村老弱病残问题，成为菏泽市打赢脱贫攻坚战的关键问题。

2013 年 11 月 26 日，是菏泽市历史上一个具有里程碑意义的重要时刻。习近平总书记到菏泽市调研，考察了尧舜牡丹产业园，对菏泽发展牡丹产业、探索牡丹加工增值、带动农民增收致富的情况进行了具体了解。随后，习近平总书记同菏泽市及其县区的主要负责同志座谈，共同探讨扶贫开发和加快发展的良策。

关于菏泽的扶贫工作，习近平总书记指出，抓扶贫开发要紧紧扭住增加农民收入这个中心任务、健全农村基本公共服务体系这个基本保障、提高农村义务教育水平这个治本之策，突出重点，上下联动，综合施策。一是要紧紧扭住发展这个促使贫困地区脱贫致富的第一要务，立足资源、市场、人文旅游等优势，因地制宜找准发展路子，既不能一味等靠、无所作为，也不能"捡进篮子都是菜"，因发展心切而违背规律、盲目蛮干，甚至搞劳民伤财的"形象工程""政绩工程"。二是要紧紧扭住包括就业、教育、医疗、文化、住房在内的农村公共服务体系建设这个基本保障，编织一张兜住困难群众基本生活的安全网，坚决守住底线。三是要紧紧扭住教育这个脱贫致富的根本之策，再穷不能穷教育，再穷不能穷孩子，务必把义务教育搞好，确保贫困家庭的孩子也能受到良好的教育，不要让孩子们输在起跑线上。

习近平总书记的指示是精准扶贫精准脱贫的要义的重要体现，与菏泽经济社会发展的阶段性高度匹配。对于菏泽而言，解决"两不愁三保障"突出问题是菏泽市脱贫攻坚的基本要求，但对于地处东部地区，经济社会发展条件和区域优势相对较好的地区而言，脱贫攻坚应在解决基本问题之上，更加强调脱贫的质量与发展的后劲。"尊重规律"与"因地制宜"的要求是精准方略在区域发展方面的延伸，既是对菏泽脱贫攻坚的科学指引，也是菏泽实施乡村振兴战略的必然要求。其中，"为困难群众编织安全网"与"教育扶贫"体现出了习近平总书记在解决老弱病残等弱势群体问题方面的深入思考。习近平总书记的重要论述和有关指示为菏泽市的脱贫攻坚以及解决老弱病残等弱势群体问题提出了要求，指明了方向。

可以说，"三个紧紧扭住"成为菏泽实现整体脱贫与整体发展的根本遵循。菏泽市坚持一切发展思路以此来谋划、一切发展布局以此来展开、一切发展举措以此来制定、一切发展成效以此来检验。同时，把5年多来的工作实践上升为理论，更好地指导各级各部门在落实习近平总书记讲话要求，让更多老弱病残等弱势群体得到实惠。在省委省政府关心支持下，全市干部群众勠力同心，增强"四个意识"，坚持"四个自信"、做到"两个维护"，砥砺奋进，一步一步把殷殷嘱托变为生动实践。

二、老弱病残具有弱势属性，群体生活困难

让每一个社会成员都能坐上发展的列车，实现发展的权利，融入并认同发展的过程，是贫困治理的核心目标。但在扶贫开发实践中，农村老弱病残弱势群体，实际上很容易被隔离在此过程之外，从而成为贫困

长期稳定的承受者，进而在社会结构中形成"板结化"区域。之所以成为社会结构中的板结化区域，主要是农村老弱病残具有的天然弱势属性所造成。

在传统农业社会，农村老人主要通过家庭获得养老支持。随着由传统社会向现代社会的转型，农村青年劳动力大量流入城市，农村家庭逐步变得"核心化"和"空心化"，留守老人在农村大量出现。特别是在菏泽，由于子女成家后一般都与老人分家单过，"独居化"和"留守化"的双重挤压，使得老人生活更加困难。另外，农村老人由于劳动能力的逐渐丧失无法从事高强度的农业生产，经济收入来源不稳定，生活中缺少人的照料和帮助，精神上也难以获得慰藉。农村老人贫困的特点主要表现在：一是老人由于劳动能力的丧失，无法通过劳动获得稳定的收入；二是老人由于身体机能的弱化，身体疾病比较多，医疗支出成为老人生活中的重要经济负担；三是老人从子女处获得的照料和经济支持减少，家庭的非正式支持开始逐渐弱化。

在农村贫困人口中，因病致贫占比较高，远超其他致贫因素。因病致贫的群众由于患有疾病，身体机能下降，无法正常从事生产劳动，导致收入水平下降。更为重要的是，患病农户需要吃药或住院治疗，即使在农村合作医疗报销的情况下，农户尤其是贫困农户经济压力依然较大。概括起来，农村患病群众的贫困特点表现为：一是家庭因病丧失了主要劳动力，使得人均纯收入降至贫困线以下。如果家庭主要劳动力因患病而短期丧失劳动能力，那么至少在患病时期，患者并不能从事生产劳动，家庭经营性收入或工资性收入就会减少。如果家庭主要劳动力所患病症属于慢性病或大（重）病，那么长期的家庭收入减少将成为现实。二是家庭存在患病成员，需要其他成员居家照顾，致使人均纯收入降至贫困线以下。三是家庭成员患大病或慢性病，需要长期护理或吃药，医疗支出较大，导致家庭负担沉重。

残疾人指的是由于先天性或者非先天性的身心缺陷而不能进行正常的个人生活和社会生活的人。农村残疾人普遍具有受教育程度低，劳动力短缺等特点，在市场就业中容易遭到社会排斥，使得残疾人本人及其家庭容易陷入收入贫困。残疾人即使能够获得市场就业机会，但就业质量一般比较低下，经济收入也比较低。残疾人在医疗保健或残疾康复方面的支出比较大。农村残疾人贫困的特点主要表现为：一是残疾人由于自身劳动能力的部分丧失甚至完全丧失，再加上就业市场中对尚具有一定劳动能力的残疾人的排斥，使得残疾人无法获得稳定的收入来源，最终陷入物质上的贫困；二是残疾人由于医疗保健支出普遍较大，并且还有许多与残疾人有关的康复和治疗项目没有纳入新农合的报销范围，使得残疾人及其家庭陷入因病致贫的境地。

农村老人、患病人员、残疾人等弱势群体的贫困除了具有各自特点外，还具有以下几个方面的共同特点。一是生产要素的缺乏造成农村老弱病残群体物质上的贫困。老人、患病人员、残疾人除了在土地上劳动获得微薄的经济收入外，基本上难以通过土地、山林等自然资源的经营或出租获得可观的收入。即使有一定劳动能力的农村老弱病残有发展种植业、养殖业实现发展致富愿望，也难以从银行获得贷款支持。二是社会支持网络的弱化或缺位导致农村老弱病残群体获取资源能力下降。在市场经济发展的背景下，农村老弱病残等群体难以与其他群体开展竞争或合作。社会支持网络的缺乏，进一步导致信息、技术、关系、资金等要素的缺乏，农村老弱病残群体日益被孤立在经济和社会发展之外。三是社会排斥导致农村老弱病残群体社会参与不足。农村老人、患病人员、残疾人虽然是具有一定劳动能力的人群，但在经济和社会发展中是遭受排斥的，农村老弱病残群体的活动几乎完全退缩到了家庭范围之内，对家庭之外的社会事务参与甚少。

综上所述，在没有外力强力帮扶下，农村老弱病残群体由于自身具有的天然弱势属性，很容易落入社会发展的"锅底"，成为农村贫困人员。更为重要的是，基于农村老弱病残的天然弱势属性，常规的扶贫手段和措施难以奏效，往往成为一个地区在扶贫开发实践中难以根除的"顽疾"。

三、着力破解老弱病残难题，实现脱贫梦想

八年来，菏泽市始终牢记习近平总书记的嘱托，把关于菏泽市扶贫工作的指示精神化作工作动力，不断创新落实举措，努力提高菏泽市农村老弱病残等弱势群体收入，使他们摆脱贫困、一道迈入小康社会。

一是充分发挥政府职能作用，建立了以农村低保、专项救助、医疗保障、残疾人救助、博爱教育、周转房保障等一系列工作体系，保障了老弱病残群体稳步脱贫发展。二是推进扶贫车间和产业扶贫项目的发展，突破固定思维，打破部门壁垒，全面整合各项涉农资金，集中财力实施有利于老弱病残群体发展的产业项目，在保证老弱病残群体兜底收益的同时，还能将其纳入产业链条之中，赚取稳定的工资收益。三是大力开展以"企业家认领贫困村、'两代表一委员'认领贫困户、爱心人士认领留守儿童和贫困生、志愿者认领孤寡老人"等"四认领"社会扶贫活动，尤其是优先关注认领老弱病残等弱势群体。四是坚持扶贫与扶志、扶智相结合，激发内生动力，弘扬传统孝文化，调动老弱病残等贫困人口和家庭的积极性、主动性，积极参与到脱贫攻坚伟大历程中，实现自主脱贫和稳定脱贫。

在习近平总书记关于扶贫工作重要论述精神的指引下，菏泽市提高政治站位，强化责任担当，坚持精准扶贫、精准脱贫基本方略，坚持开发式扶贫和保障性扶贫相结合，坚持脱贫攻坚与乡村振兴融合推进。截至 2020 年年底，包括老弱病残在内的全市 61.4 万贫困人口全部彻底摆脱贫困，其中 60 岁及以上老年人占 52.71%，80 岁及以上老年人占 11.4%；身患病残的贫困者占 47.9%；无劳动能力和丧失劳动能力的贫困者占了 45.03%。通过党和国家以及社会各界的努力帮扶，农村老弱病残群体最终实现了脱贫发展梦，从而进入历史发展新阶段。

第二章 政府主导：创新工作机制，为老弱病残群体提供兜底保障

早在 2013 年，习近平总书记就指出：全面建成小康社会，最艰巨最繁重的任务是在农村特别是在贫困地区。贫困地区的社会经济发展，直接影响着我国社会经济发展和区域均衡发展的全局。而地区之间的贫富差距越大，就越需要国家干预来平衡地区间经济发展差异。因此，在我国破解老弱病残问题和推进区域经济平衡共同发展的过程中，政府参与是突出特点和优势之所在。依靠强有力的政府干预和大量的资金注入，我国治理老弱病残问题的成效逐渐显现。但是，偏低的帮扶标准以及受助人群的脆弱性和不稳定性都意味着这项工作的长期性和艰巨性。因此，在新的形势要求下，如何继续有效发挥政府的职能作用，有效解决农村老弱病残贫困问题，对构建和谐社会具有重要的战略价值与现实意义。

近年来，菏泽市在探索破解老弱病残问题上奠定了丰富的实践基础，其中坚持以政府为主导，为老弱病残群体提供兜底保障是取得治理成效的重要经验。在养老方面，除进一步提高低保、特困人员的救助标准外，还从农村老年人集中居住和分散供养的两大视角出发，探索"新型幸福院 + 周转房""为五保老人购买上门服务"等新机制与新方式，提升社会救助管理服务水平。在就医方面，虽然我国脱贫攻坚战完成了消除绝对贫困的艰巨任务，但从菏泽贫困人口分布情况看，患有慢性病和大病占比还不小，因病致贫、因病返贫仍然是困扰菏泽乡村振兴发展的一大难题。因此，为了让贫困患者看得上病、看得起病、看得好病和少得病，政府坚持责任导向、问题导向与目标导向，加强对医保扶贫工作的组织和领导。在全方位助残方面，政府扎实做好残疾证办理、残疾康复服务等普惠性政策的落实。此外还积极探索针对贫困重度残疾人的照护服务工作机制，切实解决残疾群体脱贫却解不了困的难题。在特困儿童救助方面，菏泽市推行博爱学校模式和"希望小屋"项目，为贫困边缘家庭的孩子提供优质教育和温暖的生活环境。

政府主导破解老弱病残问题的工作，整体上有利于提升老弱病残群体的生活质量，并巩固了菏泽脱贫攻坚的成效。

一、政府尽职，强化农村养老服务设施建设

（一）加大保障力度，提升老弱病残群体受助水平

2013 年，习近平总书记在菏泽调研期间指出，抓扶贫开发要紧紧扭住增加农民收入这个中心任务。为提升符合救助条件的农村老年人、患病人群、残疾人实际收入水平，2020 年年初，市民政局早谋划、早动手，依据上年度菏泽市人均居民收入、城乡居民个人消费支出水平和全省社会救助水平，拟定了菏泽市 2020 年社会救助标准。明确了全市农村低保标准由每人每年 4600 元提高到 5100 元，人均月补差由 255 元提高到 306元。城乡特困人员基本生活费标准由每人每月 598 元、455 元提高到每人每月 663 元、每人每年 7956 元；城乡失能半失能自理特困人员月照料护理标准分别为 516 元、258 元、155 元；从资金层面为农村老弱病残群体提供兜底保障。

其次是做到应保尽保。一是加大宣传力度，提高政策知晓度。强化低保政策宣传，通过报纸、电视、广播、政府网站、微信公众号等媒介，建专栏、设专题，构建全天候、多层次、立体化宣传网络，让农村老年人、患病人群、残疾人对低保政策人人知晓、入脑入心。二是建立主动告知、主动发现机制。健全县（区）、镇（办）、村（居）三级组成的主动发现网络，定期对低收入家庭、低保边缘中的农村老年人、患病人群、残疾人家庭进行入户评估，将符合低保条件的及时纳入。三是加强部门

间信息共享和数据比对，根据比对发现的风险信息进行入户核查，对低保边缘群体、易致贫人群进行重点排查，加强跟踪监测，对家庭人均收入、财产符合救助条件的困难群众，按规定及时纳入农村低保或特困人员救助供养范围，对符合条件的困难群众及时给予临时救助。

（二）敬老院＋居家养老，解决农村特困人员养老难题

让农村老年人安度晚年，是菏泽市民政部门长期努力的方向之一。以习近平总书记新时代中国特色社会主义思想为指导，菏泽市深入贯彻党的十九大和十九届二中、三中、四中、五中全会精神，坚定不移贯彻新发展理念，坚持以人民为中心的发展思想，健全乡村振兴领导体制和工作体系，为解决农村老年人养老问题奠定坚实基础。

在多年养老工作的实践中，菏泽市逐渐摸索出破解农村养老难题的重要经验，即对老年人实行集中居住和分散供养为指导的工作理念。一方面强化政府对社会化或托管的公办养老机构的管理，落实公办养老机构供养特困人员的责任，全面提升失能、半失能特困人员集中供养率，提出 2020 年达到 50% 的目标。另一方面通过委托第三方养老服务机构或其他组织探索上门服务的方式，提高农村老年人养老服务率和服务质量，提升老年人的实际获得感。

1. 集中居住：敬老院标准高，老年人笑颜美

为解决农村养老难题，菏泽市按照区域化、布局合理的原则，充分利用现有农村敬老院资源，立足兜底扶贫，将区中心敬老院建设、改造和能力提升作为农村扶贫基础工程，整合扶贫资金用于区中心敬老院改造提升，全面提高区中心敬老院托底保障能力。对有入住需求、生活不能自理的特困人员，优先安排其入住敬老院集中供养。按照标准化、精细化、规模化要求，建立健全中心敬老院管理机构，加强中心敬老院管理。

菏泽定陶区第一中心敬老院简介

为了进一步提高定陶区养老服务水平，满足五保老人集中供养、流浪乞讨人员救助等工作需求，经区政府统一，2017年3月设立了定陶区第一中心敬老院，由区民政局负责管理。根据"公建民营""医养结合"的有关规定，区民政局与定陶城中医医院合作，签订了经营管理合同，在全市率先推行公建民营医养结合模式。

现共入住老人186人，其中特困供养老人125人，社会老人61人（完全失能老人58人，半自理老人77人，自理老人51人），贫困老人占比达到75%，入住老人农村占比达到92%。该院东区北楼为特困供养人员入住，现已入住的有滨河、天中、南王店、仿山、杜堂、半堤、孟海七个乡镇街特困供养老人125人。南楼居住新中国成立前老党员，现已入住老党员8名。西楼为社会养老区，主要用于社会化养老及康复门诊。

菏泽定陶区第一中心敬老院是集生活、健身、娱乐、康复医疗于一体的多功能综合性高标准综合养老服务机构。餐厅、医疗、门诊、康复活动室、阅览室、娱乐室、健身房、被服储存室、公共洗浴室等配备齐全。生活区、健身区、绿化区、生产区、种植区布局合理、规划科学，所有通道实行无障碍出行。自运营以来，运转良好，社会效果显著，老人们的幸福指数得到明显提升，得到了定陶区社会各界的一致好评。

定陶区第一中心敬老院院长介绍道，该院实行老年人自我管理的机制，每个楼栋都有老人们自行选出的组长和排长2人，他们了解每个老人的情况，经常挨家挨户探访老人，询问需求解决问题。平时还会带领院内老人进行读书、做操、美声等活动，既强健身体又陶冶情操，深受

图 2-1 敬老院的安全宣传教育活动

老人们的爱戴。多位老人在访谈中都提到，"住进来的时候一分钱也没花，每天吃喝还有娱乐活动……再也不走了，在这里住得真不孬！"

"公建民营""医养结合"更是定陶区第一中心敬老院的特色。公建民营的方式大幅提升了敬老院整体的管理效率和水平，提升了老人护理的专业化程度。如今社会化收养老人 61 人，为敬老院带来持续化运营的动力机制。医疗与养老结合的方式是敬老院的优势所在，访谈中 85 岁的杨守显说道，"在家一个人，谁管谁问啊。现在在这里比以前在家一个人方便、舒服太多了。护工、领导都很好，很关心，生病及时拉过来看病，小病小难的，只要不严重，院里都能给解决了。"杨守显无配偶无子女，入住敬老院之后，他经常和老人聊聊天、看看电视，每顿都有人送饭、工作人员负责送洗衣服，都很方便。

农村特困人员集中居住，是解决农村养老难题的重要思路，也是经受了时间考验卓有成效的实践方式。高标准的敬老院建设、完善的基础设施和规范的运营制度，以及医养结合的加持、康复服务的逐渐扩展，都为入住的老年人提供了便利的服务，有利于解决院内老人年纪大、多病和残疾问题的后顾之忧。

2. 分散供养：针对特困人员，探索服务上门

特困人员服务需求的多样性，决定着其照料护理服务模式的多样化。具体工作中，主要采取了三种服务模式来推动分散供养工作的开展。

一是委托第三方养老服务机构照料护理服务模式。通过公开招标，

与第三方养老服务机构签订照料护理服务协议，为特困人员提供专业化、规范化的照料护理服务。二是依托农村幸福院照料护理服务模式。选择村班子基础好，特困人员多，新型农村幸福院或一般农村幸福院运营良好的村，与村委会签订照料护理服务协议，优先招聘低保、低收入及建档立卡贫困户家庭中具有劳动能力的人员来当护理员，与特困人员结对帮扶，依托幸福院这个机构平台，照料护理本村或周边村特困人员。三是"一对一"特殊照料护理模式。主要是针对既不愿入院集中供养，又不愿让第三方养老服务机构来照料护理的个别特困人员，可采取与其监护人签订照料护理协议，"一对一"来照料护理特困人员。

为进一步提升分散供养特困人员照料护理服务质量、规范服务行为，政府还制定了分散供养特困人员照料服务工作考评细则与奖惩退出办法，在执行中严格以规则和办法加以约束，为菏泽市政府购买服务树立了良好形象。

近年来，巨野县以高质量打赢脱贫攻坚战为目标，切实强化社会救助兜底保障作用，紧紧围绕农村特困人员照料护理服务工作的有效开展，针对特困人员居住分散、照料护理责任难落实、服务质量难保证、特困人员满意度和幸福感低等现实问题，全力创新打造了"三网同建、六化驱动"的分散供养特困人员"E照护"模式，全面提高了农村特困人员照料护理服务质量，大大提升了分散供养特困人员满意度、幸福感，补齐了民政部门在特困人员照料护理服务方面的短板。

> **专栏 2-2**
>
> ### 巨野县农村特困人员"E照护"模式简介
>
> 积极探索，六化驱动，健全农村特困人员照料护理服务模式
>
> 1. "老人评估专业化"。购买服务，委托第三方社会组织专业评估机构，统一为全县所有特困人员进行生活自理能力评估。评估采取集

中与日常相结合的方式进行。

2."区域管理网格化"。按照"属地化、网格化"的运作管理模式，每1000人、4—5个镇设置一个区域；每200—400人、1个镇设置1个片区；每30—50人，5—8个村（1个管区）设置1个服务网格；至少每两个服务网格为1组，配备1辆服务车、1台洗衣机，1套其他用具，结伴入户服务并设置网格组长1人。

3."服务内容精细化"。按照差异化服务原则，基本照料护理服务包括健康服务、洗头理发、衣物清洁、家庭保洁等，拓展服务包括代购、照护技能传授等，有效解决了特困人员照料护理服务标准量化难的问题，也确保了特困人员照料护理服务的高质量。

4."服务模式多样化"。针对特困人员居住分散、年龄、性别不同，生活状况等差异，探索开展多样化照料护理服务模式。

5."线上监督即时化"。委托第三方独立开发了"巨野县分散供养特困人员照料护理服务监督管理平台"和手机APP，实现了"信息采集与定位导航、照料护理服务全程、特困人员满意度、查询统计记录"四个方面的线上即时监管，依托监督管理平台和手机APP通过实现自动统计、按需查询、考评分析，最终实现先服务、后付费。

6."线下服务存折化"。参照银行存折的做法与形式，对每月的服务项目采取"整存零取"的方式，护理员每服务1次，就在服务存折"零取"栏目内对应的服务项目记录1次，确保照料护理服务量化、标准化。

巨野县"E照护"模式通过提供家庭保洁与衣物清洁服务，改善了分散供养特困人员人居环境，提高了特困人员的幸福指数，满足了他们对美好生活的向往。

"让专业的人来办专业的事"，擎天医养集团有限公司巨野分部"金牌队员"赵雅香说，"对于服务对象的健康、洗头理发、衣物清洁、家庭保洁，我们有一套严格的考核标准。""E照护"切实达成了农村特困人员照料的专业化和规范化运行。该模式开展以来，有效解决了特困人员评估不专业、护理费发放难、服务内容量化难、照护服务人员监管难等诸多问题，补齐了民政部门在特困人员照料服务方面这一短板，兜底保障网更密、更牢。

图 2-2　护理员赵雅香与马振江合影

今年 77 岁的独居老人马振江是自理类型的护理服务享受者，一个月三次，"E 照护"模式为他提供了周到的家庭保洁、衣物清洁、洗头理发、量血压等服务，此外还缓解了独居老人的孤独感。他直言，和护理员"跟家人一样，已经非常熟悉了""每次来还会说说话，有些（服务）只要我需要，她顺手也就帮忙做了，闺女特勤快，人也心细。但咱一般不麻烦人家，我自己有手有脚的，也能自理，不给他们增加工作负担"。当询问到对服务的感受时，马爷爷露出幸福的微笑："不孬！"

除此之外，"E 照护"又将主动发现融入服务过程中。比如在 2020 年 10 月的一天，服务人员来到田桥镇东祝村祝连营老人家服务，多次呼唤无人应答，服务人员考虑到一大早、开着门，老人应该在家，遂挨个房间寻找老人，最终在厕所发现了半夜摔倒的老人，当时，老人已说话困难，体力有些支撑不住了。护理员主动发现、干预了此类突发事件，避免了悲剧的发生。

为农村特困人员带来周到的上门服务之外，"E 照护"模式还有附带的成效。如"属地化"服务——带动本地人员就业——仅 2020 年，便有效带动 153 名农村妇女实现家门口就业，切实提升了群众的获得感与幸福感。

该模式在菏泽全市推广，并被省民政厅评为 2020 年度全省社会救助领域优秀创新案例。解决农村特困群体生活需求，"E 照护"仍大有可为。

（三）新型幸福院＋周转房，打造农村养老样板

2019 年山东省下发《推进农村老年人相对集中居住养老实施方案》，先行在省内 20 个重点扶贫县（市、区）进行试点。老年人相对集中供养支持村级利用现有资源和闲置土地、房屋，新建、改扩建农村幸福院，探索"新型幸福院＋周转房"的农村养老样板。

菏泽市区县积极响应。经过一段时间的试点后，成武县政府印发《成武县"晚霞红光"养老服务工程建设工作实施方案》，进一步细化了"新型幸福院＋周转房"集中居住的养老模式，规定"晚霞红光"养老服务工程是政府支持、村级主办、互助服务性质的农村基层养老服务设施，可循环利用，集中居住对象优先考虑分散供养特困人员、贫困残疾人家庭、建档立卡贫困户、低保户等困难老年群体，有条件的可向其他老年人开放。同时还鼓励有条件的地方通过购买服务等方式，委托专业化的养老服务组织托管运营。

经过一年多的发展，菏泽各地"新型幸福院＋周转房"集中居住的养老模式发展迅速，逐步探索出建设运营的成功经验。

专栏 2-3

成武县孙寺镇王堂村"新型幸福院＋周转房"简介

于 2020 年 5 月底开工建设，8 月底建成交付使用的孙寺镇王堂村"新型幸福院＋周转房"具有典型性。王堂村位于孙寺镇东 5 公里处。总户数 189 户，530 人。建档立卡贫困户中脱贫享受政策贫困户共有 23 户，28 人。王堂村"新型幸福院＋周转房"利用实施美丽宜居乡村建设的契机进行规划设计建设，位于安置区南邻，建设幸福院

一处，共6间，周转房21套，每套面积42平方米，结构均为一室一厅一厨一卫的"四合一"布局；院内汲取江南园林之特色，亭台，假山、喷泉，做到"美与特色"相结合；突出党建引领，成立了王堂中心幸福院党支部，配有棋牌室等娱乐设施，丰富了老人们的文化生活，并新建卫生室6间，方便老人检查就医，真正实现了居住、就餐、娱乐、医疗等"一院多能"。

孙寺镇王堂村"新型幸福院＋周转房"实行村级主办、政府支持、社会参与、协会组织、自助互助的方针。其入院对象优先考虑建档立卡贫困户、分散供养特困人员、贫困残疾家庭、低保等困难老人，现入住老人皆符合以上条件。老人入院时必须签订入院协议，内容明确管理主体、入院老人和子女亲属（监护人）三方的责任义务。运行管理方面，坚持统一管理的原则，日常的管理由村民代表推选产生相关工作人员进行，每个幸福院购买1名农村公益岗具体承担幸福院的管理服务，管理规范化。

图 2-3　王堂村"新型幸福院＋周转房"的整体外部景观

图 2-4　王堂村周转房内部的厨房设施

　　已经在院里住了 10 个月的 83 岁刘金花奶奶，中午在院中心的亭子和其他老人聚在一起，晒太阳、聊天，脚下还有收音机播放着喜庆的音乐。据她介绍，平常老人们还会一早一晚聚在院子里跳跳老年操，"活动活动身子骨，身体才能更健康，一直坐着哪行啊"。她是贫困户家庭，住进来不花一分钱，日常还有水电费的补贴，生活对她而言不再是一种负担，她也不再需要孩子常惦记（一儿三女都在外打工），对此她感到很"富足"。

　　由于农村养老基础设施薄弱，很多村出现老人"无处玩，无人玩"现象，精神生活极度匮乏。建设"幸福院 + 周转房"，老人们通过集中居住来沟通交流、互帮互助。在建设中结合政策设计了一室一厅一厨一卫"四合一"布局，外观上采用"徽派"风格，增强了老人的"怀旧"情结，卫生室医护人员定期来院内为老人们检查就诊，真正让贫困老人实现物质有保障，生活有照料，精神有依托。

　　提到对幸福院的感受，使用得最多的词是"拎包入住""方便""干净""不孬"，总体上"比之前住得好多了""生活水平提高了一个档次"。老人们的脸上洋溢着幸福的笑容。政府强有力的顶层设计和组织领导、幸福院和周转房明确的功能定位、因地制宜建设、分工协作推进的整体思路是菏泽"新型幸福院＋周转房"模式成功的重要经验，可持续运转是其一大特点，也是菏泽破解农村养老难题的一份高分答卷。

二、政策倾斜，加大特殊群体医疗保障力度

从菏泽贫困人口分布情况看，患有慢性病和大病的群体占比不小，因病致贫、因病返贫仍然是困扰菏泽乡镇振兴发展的一大难题，因病致贫其中有一个最重要的原因就是看病支出负担太重，把许多患者挡在了治疗的大门外，往往小病拖成大病，大病成为不治之症。为了让贫困农村老弱病残群体看得上病、看得起病、看得好病和少得病，政府坚持以人为本的原则，确保贫困人员全员参保；在健康扶贫定点医疗机构就诊患者实行"两免两减半""先诊疗后付费"，让困难群众先看病后缴费；实行基本医保、大病保险、大额医疗费用补助、医疗机构减免、医疗商业补充保险、医疗救助、医疗再救助"一站式结算"；开通门诊慢性病办理绿色通道，确保每个患有慢性病的贫困人员都能及时享受到医保待遇，多措并举，为农村贫困患病群体提供了"救命钱"，为他们撑起了一片蓝天。

（一）"七重保障待遇"，筑牢医保扶贫防线

首先是做好建档立卡农村老弱病残贫困群体 100% 参保的工作。2020年，菏泽市各级医疗保障部门以参保应保尽保、补助应补尽补、待遇应享尽享和政策宣传全覆盖为总体目标。加强农村老弱病残贫困群体信息精细化管理，在精准识别的基础上，将人员进行分类管理，对因死亡、参军等原因不能正常参保的贫困人员，建立管理台账，完善佐证资料，

逐一核实，确保一户不漏、一人不少。同时，还通过 MAMS 系统，加强对农村老弱病残贫困群体的动态管理，做到应保尽保。

其次是对低保、特困人员和因病致贫、因病返贫等农村老弱病残贫困人口，全面落实好基本医保、大病保险、大额医疗费用补助、医疗机构减免、医疗商业补充保险、医疗救助、医疗再救助"七重保障待遇"，提升贫困人口医疗整体保障水平。2020 年，菏泽全市贫困人员享受住院待遇达到 33.5 万人次、医保基金支付 123973.2 万元。菏泽市还严格落实了大病保险倾斜政策。贫困人员大病保险起付线由 6000 元降至 5000 元，取消了最高封顶线，报销比例提高了约 10 个百分点。农村贫困群体得到了实在的救助，多重待遇保障为贫困患病群体提供了"救命钱"。

七重保障待遇内容丰富。扶贫特惠保险是菏泽市解决贫困老弱病残群体看病难题与菏泽市扶贫问题相结合的产物、贫困群众防范和化解风险的重要手段。扶贫特惠保险对参加山东省居民基本医疗保险的贫困人口实施大病医疗商业补充保险，保费由省市县三级财政分担。原则上经过各项保障后，政策范围内个人负担大病医疗费用不超过政策范围内医疗总费用的 10%。除牡丹区外，其余县区统一由中国人寿保险股份有限公司菏泽分公司承保。当发生保险事故后，被保险人可通过保险机构客服电话、保险服务网点工作人员、保险机构柜面服务等方式进行报案，承保机构要及时查勘理赔。通过扶贫特惠保险的施行，菏泽市充分发挥保险的风险保障功能，有效缓解了因病因灾致贫返贫的情况，充实了"七重保障待遇"，筑牢医保扶贫防线。

今年 71 岁的李志金大爷，是成武县九女集镇李胡同村居民，老伴为一级残疾，儿媳又患上了乳腺癌，生活不能自理，自己的独子不得不全天照顾儿媳，家中还有两个正在读初中的小孙子，生活的重担全部压在了这个本该安享晚年的老人身上。2020 年以来，老人的儿媳孙得风看病多次，花费了 20 余万元（其中在北京肿瘤医院治疗时正处于新冠肺炎疫情期间，未能正常办理住院手续，多次花费共计 8 万余元），大额的医疗费用让这个不幸的家庭雪上加霜，李志金老人为了给家人看病，硬是东借西凑，巨大的压力让这个已逾古稀之年的老人一次次默默流泪。

在最困难的时刻，他想到了家人每年都参加的城乡居民基本医疗保险，把希望寄托在了医保政策上，他来到成武县医保局咨询有关报销政策。鉴于疫情期间孙得风未能及时办理大病卡和在外地就医未能正常住院的情况，医保局立即为其开通了绿色通道，及时补办了门诊大病卡，并按照规定比例报销了孙得风的医疗费用。临走时，李志金老人感动地连连对工作人员说："谢谢你们救了我们全家人的命！"

这样的案例不胜枚举，许多农村贫困患病群体都有受惠于医保报销政策的经历，他们治病的报销比例基本维持在 90% 左右，有的甚至更高，这大大缓解了农村地区因病致贫、因病返贫的压力。许多大病初愈的人感慨道："在医院住了那么些天，用了那么多药，心里一直忐忑（钱不够付），出院的时候拿到单子看到上面的数字心里就有底了，一下子给报了一大块……要是没有这个（医疗报销），根本不可能住得起院，要是不能报以后生病可咋办啊？！""这真是国家给的救命钱啊！"

图 2-5　张大爷和老伴讲述看病经历

七重保障待遇切实提升了贫困人口医疗整体保障水平，缓解了农村老弱病残群体"一人得病，拖累全家"的生活压力。加大特殊群体医疗保障力度，这是政府通过社会保障的再分配体系，将资源向农村贫困参保者倾斜，为其带来了实实在在的好处，也促进了整体社会的均衡发展，彰显了社会主义国家发展中公平正义的价值尺度。

（二）推进"一站式"结算，优化办事流程

菏泽市医疗保障局在推进农村贫困患病群体的保障工作中高度重视相关程序的优化，旨在为患病群体带来切实的方便感受。总体上有：在健康扶贫定点医疗机构就诊患者实行"两免两减半""先诊疗后付费"，让困难群众先看病后缴费；实行基本医保、大病保险、大额医疗费用补助、医疗机构减免、医疗商业补充保险、医疗救助、医疗再救助的"一站式结算"，对集中供养特困人员住院治疗实行医疗救助兜底；开通门诊慢性病办理绿色通道，确保每个患有慢性病的贫困人员都能及时享受到医保待遇。

大力推进"一站式"结算涉及流程的优化，需要各方面的统筹工作：政府工作人员依据扶贫办提供的贫困人口名册，在医保系统做好贫困人员属性标识，把所有贫困人口在系统标识为"精准扶贫人员"，在医疗救助系统将建档立卡贫困人员全部标识到位；省域内就医结算执行所在统筹地区同等支付政策，对于按规定转诊的贫困患者，住院费用可连续计算起付线。全面推进贫困人口医疗费用直接结算，结合城乡居民医保制度整合，贫困人员就医报销时，医保系统自动识别身份并按医保倾斜政策"一站式"即时结算，实现农村贫困人口市域范围内"一站式服务、一窗口办理、一单制结算"，出院结算只需要支付个人自付部分，减少农村贫困人跑腿垫资，切实减轻贫困人员负担。

（三）大力推行慢性病办理，健康扶贫精准施策

贫困人员和农村老弱病残群体大多患有慢性病，为确保医保扶贫政

策落实，医保部门进行调研、部署，确保患有慢性病的贫困人员全部办理慢性病卡，随时申报、随时办理、随时享受待遇。

具体工作方面，及时下发《关于建立建档立卡贫困人员门诊慢性病卡办理绿色通道的意见》的通知，开通了贫困人员慢性病卡办理绿色通道，大大提升贫困患病人员办卡的便利程度；此外，由家庭签约医生负责逐户逐人排查，做到双排查、双告知，通过家庭签约医生、帮扶责任人分别填写排查告知书，身体健康填写无疾病、属于脑血管后遗症等 13 种慢性疾病的、属于恶性肿瘤等大病的在相应栏内的疾病名称打对钩，细化工作流程，扩大政策覆盖范围；地方还召开了定点医疗机构和乡镇医保经办机构专题会议，由乡镇卫生院对贫困人员慢性病情况进行诊断鉴定；乡镇医保经办机构接到诊断证明后及时办理慢性病卡，并在现场为符合条件的贫困人员发放；慢性病卡办理之余，重要的是保证患病群体的用药需求。对符合高血压、糖尿病"两病"门诊用药保障政策的人员，及时纳入"两病"门诊用药保障范围。由镇区办卫生院根据辖区内慢性病患者日常服用药物种类与本院现有药品进行核对，针对缺少品种及时采购。系统化全局化的服务切实地保障了患病群体的用药需求，为他们提供了用药便利，大大减轻农村老弱病残生活负担。

三、资源整合，构思全方位助残创新举措

（一）"四护一保"，健全贫困残疾人照护服务机制

菏泽市各区县残联都高度重视残疾人的日常生活，实施了一系列便民利民措施。在此基础上，单县残联创新摸索了"四护一保"机制，致力于做好贫困重度残疾人照护服务工作。针对有需求的贫困重度残疾人，建立了集中照护、日间照护、居家照护、社会化照护和医疗保障"四护一保"照护服务工作机制，经县委常委会、县政府常委会研究通过纳入

2020年全县重点民生工程。"四护一保"委托第三方组建专业服务队伍，每月三次上门为贫困重度残疾人提供理发、洗澡、洗衣、室内外卫生服务，切实解决了全县1070名贫困重度残疾人脱贫解不了困的难题，受到了残疾人家属的感谢，大大提高了贫困重度残疾人的脱贫质量。

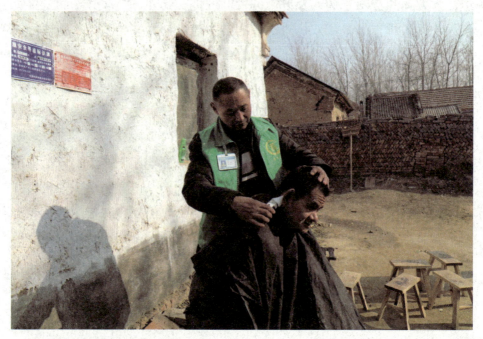

图2-6 "四护一保"服务队队员为残疾人理发

专栏 2-4

单县贫困重度残疾人"四护一保"质量监管方案

一、监管方式

（一）入户检查。照护服务机构应按照合同规定为贫困重度残疾人进行照护服务，县残联组织专门人员入户进行实地检查，发现合同规定单项照护服务内容，照护服务机构没有进行服务的，按照合同规定该项目服务费用的3—5倍进行处罚。

　　（二）电话回访。县残联安排人员对照护服务对象进行满意度电话回访，照护服务对象满意度低于90%，约谈照护机构主要负责人，照护服务对象满意度低于80%，暂停照护服务机构服务资格，通知及时整改，整改无效的解除照护服务协议。

　　二、资金使用管理

　　（一）照护对象接受基本照护服务所产生的费用按规定由县残联予以全额补助，照护服务机构不得再额外向残疾人或残疾人家属收取费用，凡发现违规收取残疾人或残疾人家属额外费用的，无条件解除合同。

　　（二）照护服务机构所提供的照护服务超出合同规定的服务项目或次数，产生的照护服务费用由残疾人或残疾人家属承担的，须事先告知并征得残疾人或残疾人家属同意。

　　在开展"四护一保"工作中涌现出了许多生动的案例。单县高老家乡刘寨村人刘金彪，今年37岁，因强直性脊柱炎造成全身瘫痪，关节变形，丧失生活能力，吃喝拉撒都在床上，依靠年迈的父亲照顾。妻子离异，远走他乡，一个儿子上五年级。母亲三年前因脑梗造成肢体重度残疾，依靠轮椅为生。一个家庭两个重度残疾人，全靠一个年迈的父亲来照顾，家里的各项条件可以用"脏乱差"来概括。长期的残疾和劳动力的缺乏使这个不幸家庭的状况每况愈下。

　　通过照护服务队上门开展照护服务工作，残疾人刘金彪的自身卫生及生活环境有了翻天覆地的变化，他不再是家中的"负累"，甚至还能逐渐帮助照顾长辈和孩子，做一些简单的活计，挣点生活费。"四护一保"还能帮助残疾人克服内心的阴影，更好地融入社会。高老家乡智力残疾人晁红星在经过照护服务队的照护服务、心理疏导后，十多年不和人交流的他也开口和别人交流了，笑容绽开在他的脸庞。

　　单县残联组织多支照护服务队深入贫困重度残疾人家中，通过居家照护服务工作，实现了"照护一个人、解脱一群人、脱贫一家人"，得到残疾人及其家属的高度认可。照护服务工作的开展不仅解决贫困重度残疾人的照护服务难题，改善贫困重度残疾人生活条件，让残疾人真正感受到了实实在在的关怀，实实在在的获得感，并实现稳定脱贫、脱困、防止返贫，同时，向全社会兑现了党和政府小康路上不让一个残疾人掉队的庄严承诺。2020 年 7 月，单县残联被山东省扶贫开发领导小组授予"山东省脱贫攻坚先进集体"的荣誉称号，这是对单县创新探索针对贫困重度残疾人"四护一保"模式的高度认可。

（二）无障碍改造，为贫困残疾家庭解决生活难题

为重度残疾人家庭进行无障碍改造，是保障残疾人基本民生，实现全面建成小康社会过程中不让重度残疾人掉队的重要举措。通过项目实施，重点解决残疾人如厕难、出门难、有条件的解决洗澡难"三难"问题，方便残疾人参与社会生活，提高生活质量，为残疾人实现小康创造物质和信息交流基础。改造标准按照"实用、高效、安全、节约"的原则，以残疾人需求为导向，以改造项目能够满足残疾人日常生活无障碍基本需求为标准，因户施策，因人而异，因需服务。

79 岁的潘大爷有一只腿不能动，老伴有轻微痴呆症状，在无障碍改造之前，他很少下床，更别提在院子里和村子里运动，"太麻烦人了，出去一次就得别人全方位守着"。尤其是门前坑坑洼洼的土地面，之前还摔倒过好几回，就更不敢出来了。现在政府帮忙免费改造了门前的扶手、地面，还有屋里的床和椅子，这些新设施对残疾人十分友好。"自己整改的话光地面硬化可能都需要三千多块钱，这是公家（政府）给弄的，咱自己没花一分钱。现在方便了，还出去转转，去看看庄稼什么的。缓解烦恼，在家憋闷得慌。"

图 2-7　配备拐杖和扶手，方便出行

　　残疾人本身是弱势群体，需要全社会的关心关爱，菏泽市通过一系列的无障碍改造项目的实施，尽可能改善他们的生活环境，提升生活质量，拓展原有狭小的生活空间，提高残疾人的自主生活能力和生活质量，减轻其家庭成员的负担和压力，为残疾人解难事、办实事、做好事，进一步增强残疾人获得感、幸福感、安全感。这是菏泽市解决农村残疾人生活难题的重要经验，也为下一步提升老弱病残群体的生活质量提供了有益启发。

（三）技能提升，为贫困残疾人提供多样化培训

　　2020 年，党的第十九届中央委员会第五次全体会议通过《中共中央关于制定国民经济和社会发展第十四个五年规划和二○三五年远景目标的建议》中提到，要强化就业优先政策，扩大公益性岗位安置，帮扶残疾人、零就业家庭成员就业。

在这一指示的指引下，菏泽市创新思路助力贫困残疾人创业就业。新冠肺炎疫情期间，相关部门利用微信公众号举办网上招聘会，面向广大残疾人发布企业招聘信息，让残疾人和招聘企业直接对接、双向选择，解决了上百名残疾人的就业难题。政府还十分重视加强残疾人辅助性就业基地建设，智力、精神和肢体残疾人实现辅助性就业，从事一些简单的农活和订单式手工编织，预计每人年收入可达5000—8000元。在这里，残疾人可以选择看书，做锻炼，也会在管理人员带领下，从事一些简单的订单式手工活。在老师指导下进行草编、中国结、串串珠等手工制作，娴熟的动作、专注的眼神，丝毫不输给普通工厂的健全人。此外，加强残疾人康复专业人才队伍建设，联合高校开设专门康复专业课程，提高康复医学的知识内容和操作技能等课程的比重，切实提高毕业生的实际操作能力。加大对现有康复服务专业人才的培训力度，多渠道、多形式、多内容开展康复技能和专业技术培训，做到持证上岗，切实提高康复服务人员的专业技能和康复服务水平。

图 2-8　定陶区残联在为残疾人提供多样培训

经过残联的培训，很多残疾人获得了实用的技能，并依凭这一技能做到独立自强，养活家人，甚至带动身边的残疾人共同致富。徐兴忠是肢体二级残疾，自2010年开始种植山药、辣椒等经济作物，由于不懂技术，产量不高，效益一直不好。2019年参加了县残联组织的残疾人农村实用技术培训班，跟农业专家学习了肥水管理技术和辣椒、大蒜种植技术并用于实践，当年取得了良好的经济效益，2020年继续扩大种植面积，年纯收入20万元，带动10余户贫困户增收。这样的实例是扶志扶智推动贫困残疾人创业就业的生动解说。

四、特困儿童救助，为深度贫困家庭注入希望

（一）扎实推进应康尽康——儿童康复

山东省高度重视残疾人康复服务，2019年制定了成人和儿童残疾人的基本康复服务目录，使康复服务走向规范化和专业化。残疾人康复服务也一直是菏泽市残联工作的重点。2021年菏泽市残联康复部工作安排中指出，残疾儿童全覆盖要求需抓好落实，实现应康尽康。

其中巨野县残联医院采取"儿童康复＋农疗＋工疗"的方式具有典型性。秉承"严谨、关爱、勤奋、奉献"的服务理念，关爱及尊重至上的人道主义原则，巨野县残联医院为残疾儿童和青少年提供优质的教育资源和丰富多彩的社会融入活动，提高他们的认知能力、自理能力及社会适应能力。儿童康复科根据残疾儿童的评估报告制订个别化教学计划，儿童的康复效果得到了家长对教学质量的一致好评："30块拼图很快就拼成了，我都没想到能这么快""跳舞上3节课就学会了，孩子比刚来的时候进步很多""老师非常负责任，很专业，很耐心，很不容易"。

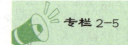 专栏 2-5

巨野县残联医院简介

巨野县残联医院于 2017 年 2 月开工建设，总占地面积 12.5 亩，建筑面积 13566 平方米。2019 年 1 月正式投入使用，共计床位 300 余张。目前是菏泽市规模较大、标准较高、服务较全的集医疗、康复、教育于一体的公益性公立综合医院。康复医学儿童康复科是目前巨野县规模较大、设备较全的科室，目前使用面积 3300 平方米，儿童康复科现有医护人员、康复师及教师 80 余人，在训儿童 280 余人。主要针对符合条件的孤独症儿童、智力发育迟缓、脑瘫儿童、听力障碍以及语言发育迟缓的儿童实施康复治疗。

其中二楼为门诊儿童康复治疗区，开设课程个训认知、奥尔夫音乐、行为矫正、感觉统合、言语构音治疗、一对一教学、手功能训练、情景化教学、引导式教育等多种康复治疗方法。七楼为住院康复治疗区，视听音乐统合训练、个训认知、行为矫正、结构化教学、奥尔夫音乐、感觉统合、言语构音治疗、听觉统合训练、一对一教学、小组教学、心理沙盘、社会融入训练、手功能训练、日常生活辅导训练、情景化教学等多种康复治疗方法。八楼为肢体残疾儿童康复区和托养康复，自然疗法、运动疗法作业疗法、物理疗法、悬吊训练、针灸推拿、物理因子疗法、小组教学等多种康复治疗方法。

有多名儿童已经受益于残联医院的康复服务。11 岁的马武浩，家住陶庙镇丁庄村，由于父母没有劳动能力，兄妹较多，常年以捡破烂为生，凌乱的家里没有一点可以行走的地方。马武浩患有"唐氏综合征"，仍常年帮着父母捡破烂，照看弟弟妹妹。来到巨野县残联医院托养区接受教育后，他得到了社会上的好心人士的捐赠。换上了干净整洁的衣服，进入了明亮的教室。现在的马武浩已经学会了唱儿歌、背诵唐诗、数数，并且帮助老师照顾年龄较小的小朋友，深受老师们的夸赞。

图 2-9 巨野县残联医院内的康复教室

除稳步提升院内儿童康复质量外，巨野县残联医院还积极探索残疾人辅助性就业方式。由于精神残疾患者存在不同程度的社会功能缺陷，无法提高患者融入社会生活能力，给家庭和社会带来沉重负担。2020年医院在县残联大力支持下成立农疗康复基地，占地50余亩，主要在护工和其他技术人员的指导下帮助患者了解农业生产，学会种植和农作物的日间管理，为出院后自食其力打下了良好的基础。农疗基地主要种植各种蔬菜、养殖鸡鸭鹅等牲畜，精心打造自然绿色健康原生态放养，不喂饲料的新型农疗康复基地。每人每月发放工资450元（按照相关文件要求，达到菏泽市最低工资标准四分之一以上）。

农疗康复一方面为残疾儿童提供了与自然密切接触的机会，利于其康复活动的顺利开展。春天是万物复苏的季节，春风和煦阳光明媚的日子里，孩子们在田间地头开心地奔跑，还放着五颜六色的风筝，嬉笑声回荡在空旷的土地上。据家长和孩子们的康复师说道，"孩子都特别愿意来，不让来会哭，来晒太阳，放风筝什么的，心情会好很多，回去之后表现也很好，在这里还能接触到一些作物生长的全过程，学习到书本里看不到的知识"，"这地里种了一些葡萄、西瓜等水果，等到收获的季节，会叫孩子们来采摘，把水果拿回去和其他人一块分享"。

图 2-10　残联医院的农疗康复基地

旁边的几亩耕地上正有五六位成人患者在辛勤劳作着，农疗康复另一方面能帮助一些成年残疾人通过农疗康复恢复自理能力，增加人生价值感，从而出院后更好地回归家庭回归社会，同时还能帮助残疾儿童的家长在陪同孩子期间能有一份活计，增加了就业机会和个人收入，这一模式受到患者和家长的一致好评。

在康复中心进行集中康复以外，单县还探索了贫困残疾儿童康教上门送温暖的服务方式。其服务对象为前期县残联走访调研排查出的有康复意愿但由于父母离异、重残、死亡等原因无家人陪伴而无法到机构享受康复训练的 11 名贫困残疾儿童。

遵循"救早救小、应救尽救、定期入户、一人一档"的原则，县残联选派数名责任心强、热爱残疾儿童康复工作、业务水平高且实践经验丰富的康复师、特教老师等组成送教下乡小组，针对每名贫困残疾儿童的身体和认知情况，制订个性化教学计划，提供集康复、教育于一体的优质暖心服务。

通过上课，孩子的眼睛里都流露出了对知识的渴望，切实提高了孩子的认知能力、动手能力和参与社会的能力。足不出户就让孩子享受康复训练，得到了贫困残疾儿童家长的一致好评："感谢党和政府，给孩子提供康教上门送温暖服务，让他在家也能享受康复训练，我们一定珍惜这来之不易的机遇，给孩子好好康复。"

（二）创办有温度的教育模式——博爱学校

习近平总书记指出，要不断改善贫困人口生活，紧紧扭住教育这个脱贫致富的根本之策，再穷不能穷教育，再穷不能穷孩子，务必把义务教育搞好，确保贫困家庭的孩子也能受到良好的教育，不要让孩子们输在起跑线上。

博爱学校是一项教育扶贫兜底工程，是政府为推动菏泽市教育扶贫工作精准发力，帮助义务教育阶段深度贫困家庭子女解决入学问题，创办有温度、人民满意的教育而建立的针对特困儿童养教并重的全日制寄宿式公益学校。这一模式已在多个县区开展，取得了显著成效。

其中以开办早、发展快、成效斐然的单县博爱学校为例。单县博爱学校成立于 2018 年 8 月，前期筹备方面，组建了专门调研小组，对全县留守儿童入学情况和特殊家庭儿童进行了全面细致的深入调研。由于学校的公立性质和精准定位，在招生对象上主要是：父母双亡的孤儿；父母一方死亡或者下落不明的子女；父母一方或双方患有重大疾病或存在智力障碍的家庭的孩子。在入学程序上也相当严格，首先由所在行政村写出书面申请，并由所在乡镇（办事处）予以证明后，携带贫困证，低保证等相关证件到学校递交申请。然后由学校领导班子成员组成考察小组到孩子家庭和所在学校进行实地考察。最终，根据全县 22 个乡镇（街道）特殊家庭孩子的分布以及符合博爱学校入学条件情况，开学首批共录取 1 年级至 4 年级孤儿、亚孤儿 119 人，其中孤儿 8 人，父母一方去世或下落不明的 67 人，父母患有重大疾病或残疾的 44 人。

学校设施方面。依据《山东省普通中小学办学条件标准》，由县政府先期投资 160 余万元于 2018 年暑假期间对教学楼、食堂、宿舍等基础设施全部进行集中翻新改建，并配备了现代化的教学设备、生活设施和功能室，包括音体美教学器材、多媒体教学一体机，教室和宿舍空调、校园监控系统、微机室、科学实验室、音乐教室、美术教室、图书室、舞蹈室、书法室、心理辅导室等。学校占地 106 亩，现有教学班 4 个、学生 122 名、教师 16 名。学校环境幽雅，办学条件完备，已逐渐成为孩子们调整心理状态、提高生存技能、提升生活能力、学习文化课程的理想场所。

图 2-11 博爱学校组织的文娱活动

单县博爱学校有着自己的治校特色：采取"1+N"的全员育人方式，让学校所有老师都参与对孩子们的结对帮扶工作，随时掌握帮扶对象的思想动态、生活和学习情况，为孩子排忧解惑，引导其健康成长；科学设置学校课程。开设了舞蹈、武术、篮球操、戏曲、手工、朗诵六个兴趣班，促进学生内涵发展。同时注重劳动实践教育，在校园内开辟了班级菜园，开设了劳动教育课，让孩子们充分体验劳动的乐趣，感受收获的幸福；注重文明品德教育，积极开展国旗下讲话、感恩演讲比赛、雷锋日关爱老人、"我们的节日"等主题教育活动，让学生在实践中学会爱国家、知勤奋、懂感恩、有爱心。

因为学校里面所有的孩子都是来自建档立卡贫困户，缺少父母的陪伴、缺少良好的教育，好多孩子在开学初不适应学校的生活。小亚宇是学校的小名人，他的妈妈去世后，爸爸一个人抚养着他和妹妹，奶奶患有精神异常，经常对这个孩子又打又骂。刚来到学校时，他在整个校园里跑，任老师喊破喉咙他也不理不睬。除此之外，他还经常翻垃圾箱里的东西，别的孩子吃剩的东西他就拿起来吃。面对这个孩子，大家既生气又于心不忍。因为他不肯进教室，所以每天都由老师陪他，告诉他吃东西要洗手、脏的东西不能吃、看到垃圾要捡起、别人喊你要回答等等。在这期间，还带他去中心医院看心理专家，了解了这属于创伤性的心理问题，需要更多的爱和更多的教育。经过博爱学校两年的生活学习，现在的他知道了表达，更懂得了感恩！

如今，排队如厕，文明游戏，垃圾入筐，言语文明，行为得体，彼此之间互相学习，相互感染，文明和道德的种子在孩子们的内心发芽成长，灿烂的笑容重新回到了脸上。充分体现了习近平总书记"确保贫困家庭的孩子受到良好的教育，不让孩子们输在起跑线上"的重要指示，以及菏泽市教育扶贫的兜底功能，有温度的教育，给贫困家庭的孩子们撑起了一片蓝天。

（三）打造关爱适龄贫困儿童的港湾——希望小屋

2020年6月，团山东省委、山东省青联、山东省青基会全面启动"希望小屋"儿童关爱项目，致力于为8岁至14岁的贫困家庭儿童打造相对独立、舒适的学习与生活空间，同时组织青年社会组织、青年志愿者为受助儿童成长成才提供结对帮扶、跟踪陪伴，开展深入持续、多维度的帮扶。"希望小屋"儿童关爱项目是山东共青团助力决战脱贫攻坚、决胜全面小康的有力抓手，是对"打赢脱贫攻坚战后，共青团继续做什么"的实践探索。作为希望工程重要延伸和转型升级的突破方向，"希望小屋"儿童关爱项目在服务脱贫攻坚和乡村振兴中展现青春担当。

菏泽市积极响应并扎实推进项目进程：一是精准识别，确保摸排筛选不偏不漏。摸排工作是希望小屋建设的基础性工作。对象选取上以扶贫部门提供的适龄贫困儿童为基础，以民政部门提供的孤儿、事实孤儿为重点，根据拟改造对象家庭条件和居住空间，按照"需要改造，愿意改造，能够改造"的标准严格筛选。二是精细管理，严把工程质量关。坚持因地制宜、质量第一的原则，对设计、选料、采购、施工等方面严格标准、严格把关，对所有装修材料存样，确保源头可溯。严把建设进度关。在前期走访中提前谋划，以镇为单位绘制"希望小屋地图"，详细标注项目位置、家庭情况、住房情况等信息，与施工队伍充分沟通，保证各施工工种压茬推进。三是精准服务，确保做好"希望小屋"后半篇文章。在有序组织开展志愿结对工作的同时，针对服务儿童特殊家庭环境和心理特点，联合县心理卫生协会，对存在心理问题的儿童，进行一对一的结对疏导。

成武县苟村集镇前张口村张英家有两个尚在读小学的孩子，母亲远走他乡，父亲张英年岁已高，这个破碎的家庭只依靠着父亲做保洁挣得的微薄工资勉强支撑。虽然九年义务教育缓解了张英巨大的教育支出压力，但他还是难以给孩子提供和同龄人相仿的舒适的居家学习环境，他常常为此愧疚不已。"希望小屋"项目使两个孩子的家焕然一新，新的床具、柜子、桌椅使小玉翠和姐姐的生活舒适起来，晚上在家里学习也便利多了。对此，张英十分感激，"多亏了这个（项目），不然更觉得对不起（孩子）"。

"希望小屋"项目在确保项目高质量、高标准实施的同时，将重点放在跟踪服务上，不断整合团属资源，结合贫困儿童特别是孤儿、事实孤儿等特殊群体的生活、学习、心理特点开展有针对性的帮扶，向孩子持续提供关心关爱，打造针对"希望小屋"服务儿童的温暖港湾。

这不只是一次硬件设施的改造，还是一次全新的梦想起航。一处小屋，带来的是明亮开阔的视野，点燃的是对未来的憧憬和希望；一处小屋，给予孩子的是共青团组织和社会各界的关爱和温暖。孩子是家庭的未来，给困境儿童建立一处"希望小屋"，就是为一个贫困家庭种下一份希望，让孩子通过学习成才，真正阻断贫困的代际传递。

第三章　市场吸纳：完善利益联结，提升老弱病残群体的收入水平

我国老弱病残群体特点是人口数量多、收入少、支出大，其中除高龄老人、患有重病、重度残疾的群体缺乏自主劳动能力之外，仍然有相当一部分有一定劳动能力的老弱病残群众，由于谋生技能单一，劳动效率较低等刻板印象，往往被排除在市场竞争之外，收入渠道较少。实际上，这部分群体仍然有生活自理能力、合格的劳动能力和空闲的时间，且就业意愿比较强烈，完全可以被市场吸纳，节省用人成本，增加企业效益，实现市场和老弱病残群体的互利共赢。除政府兜底保障、社会力量参与之外，市场在带动老弱病残群体增加收入、改善生活方面发挥着不可替代的作用，诸如满足老弱病残群体多样化需求，帮助老弱病残群体在就业场所中构建更加开放的社会支持网络，提升个人幸福感、价值感等，真正使其通过劳动过上更富足的生活，不仅让钱包鼓起来，更让日子美起来。

2013 年 11 月 26 日，习近平总书记视察菏泽时提出"三个紧紧扭住"，成为菏泽市实现整体脱贫与整体发展的根本遵循。抓扶贫开发首先要紧紧扭住增加农民收入这个中心任务，菏泽市立足实际，深入调研，科学施策，首创扶贫车间，引入电商助力农村产业转型升级；充分利用传统优势产业以及区域特色产业，为广大群众谋富裕，促发展；充分发挥市场优势，对接老弱病残群体利益，将有劳动能力的老弱病残群体纳入就业岗位，贫困群众共享产业分红，为老弱病残群体提供了一条"造血"的路子，使老弱病残群体共享经济发展的丰硕成果。

一、扶贫车间——就近就业，赚钱顾家两不误

菏泽市依据本地经济社会特征和劳动力特征，首创"扶贫车间"，探索出了一条吸纳贫困群众及老弱病残群体，特别是农村留守妇女，就地就近就业与能人创业相统一的工作机制。该模式是在国家精准扶贫顶层设计主导下地方政府积极创新的产物，是具有鲜明特征的代表性扶贫模式，具有重要借鉴意义。

扶贫车间模式主要是指围绕贫困户做出的一套特有的政策设计，为贫困户提供工作岗位，并在整个工作过程中积极帮扶贫困户脱贫致富。企业进驻扶贫车间后，与村民委员会沟通扶贫车间租赁价格和期限问题，企业在扶贫车间配置加工生产所需设备，同时在扶贫车间所处行政村及周边地区雇用劳动力，政府和村委会主动为企业招聘提供帮助，动员贫困户积极应聘，成功吸纳了一大批当地留守老人、留守妇女以及有劳动能力的残疾人及其他贫困群众进入车间就业。

企业在扶贫车间模式中获得政府政策性支持，可以获得税费、用地优惠，雇用劳动力成本相对低廉，有效缩减了企业成本，获利随之增加。与此同时，老弱病残群体增加了收入，实现了稳定脱贫，改善了生活质量，真正实现市场和老弱病残群体的利益对接。

由简单的"小窝棚"作为工作场所的 1.0 版，到建设选址、用工情况、规章制度、日常管理等各项要素逐步完善规范的 4.0 版，全市共建成运营扶贫车间 3496 个，实现安置和带动 271017 名群众在家门口就业，69361 名群众实现稳定脱贫，吸纳老弱病残群体得以实现在家门口就业，"扶贫车间"成为"家门口的幸福车间"。

（一）空闲时间发挥余热，老弱病残群体生活更体面

始自鄄城县董口镇代堂村的"小窝棚"，逐渐在菏泽市遍地开花。扶贫车间工作负担不重，技术水平要求不高，工作时间弹性灵活，同时间搭建了一个供群众闲话家常、增进邻里关系的社交场所，十分适合有一

定劳动能力的老弱病残群体参与其中。只要有精力、有意愿来车间工作，基本上都可以找到一份适合的岗位，获得一份不错的收入，在家庭总收入中占据重要的位置。岗位需求的个性化满足、弹性化的工作时间、愉悦的工作环境，使得在扶贫车间就业的老弱病残群体活得更体面，日子越过越红火。

1. 个性化对接，满足老年人就业意愿

扶贫车间多点开花，更多有需求的群众能够选择适合自己的岗位——车间根据贫困群众年老、患有疾病、缺乏技能、身有残疾等不同情况设置岗位，保证贫困群众只要有就业意愿就有就业岗位。此外，扶贫车间内设有公益岗——安置有就业愿望又无法完成扶贫车间正常操作要求的贫困人口就业，如保洁员、安全员、门卫等，对于部分缺乏相应技术或者无法适应具体工作的老年人是一种有效的补充。

潘庄服装加工精准扶贫车间位于巨野县太平镇潘庄村，总投资首饰加工厂20.38万元。总经理于桂云，也是太平镇潘庄村人，出生在农村的他深知贫穷带来的辛酸，致富过上好日子的他"致富不忘本"，成立了服装加工精准扶贫车间，有效带动了当地经济发展。服装加工精准扶贫车间用工80人左右，固定在车间加工人员达到60多人，贫困户、留守妇女、残疾人被优先用工，正常情况下每人每月能有1000多元收入。于桂云在工作安排上因人制宜，为老弱病残员工安排相适应的岗位，切实有效地帮助老弱病残群体增加了收入。

贫困户夏保兰，今年66岁，子女都在外地工作，老伴偏瘫十余年，走路不方便，更无法负担较重的工作。对于夏保兰来说，能够有一份工作获得一些收入来缓解家里的经济压力，同时有时间来照顾老伴、照顾孙子是当前最急需解决的问题。服装车间刚建厂，听村里说有工作机会，立马就过来了，已经干了五六年。夏保兰讲道："每天骑车来干活，上下班不定点，吃完饭就来，每天能拿二三十块钱。俺这情况也干不了啥活了，在这里干活人又多，很热闹，多好啊。年龄大了，也干不了其他技术要求高的环节。时间灵活，晚上回去接孙子，很方便。"

图 3-1　66 岁的夏保兰在扶贫车间工作

由于年纪渐长，考虑到老花眼等身体机能方面不足以应付更精密的工作，她选择了一份处理服装边角线头的工作，对她来说是力所能及又相当满意的岗位。

2. 弹性化工作，挣钱顾家两不误

扶贫车间就建在村头，与学校、幼儿园、卫生室、大队部等紧邻，走路几分钟就到达工作的地点，对于老弱病残群体略显沉重的身体状况十分友好，打工挣钱的同时上能顾老、下能顾小，实现了"挣钱顾家两不误"。考虑到老年人的身体状况、生活需求，车间普遍实行弹性工作制，足额领取计件或计时工资。

此外，针对个别群众无法离开家庭的情况，扶贫车间将原材料放到其家中，从事来料加工，签订权责明确的劳务协议，完成后由扶贫车间回收产品，实现贫困群众，尤其是身体不便的老年人、残疾人群体"居家就业"，足不出户便可实现收入增加。

图 3-2 73 岁的王西连居家包装卫生香

今年 73 岁的王西连老人，和老伴儿、两个孙女一起住，两个孙女在上学，儿子在北京上班。主要工作是在家捆香包装，工资计件，一把香三毛钱。"一天的话，有时候能弄几十把，有时候能弄一百多把，根据自己的时间。一个月能挣八九百左右。家离香厂特别近，自己去拿货也行，那边也可以送过来。钱是香包装完成的时候就发，交过去的时候那边会检查合不合格，基本上都能合格。包装的时候香断了的折耗还能回收，也不用赔。家里种地，孩子上学。干这个特别方便，想干的时候就干，种地忙的时候就少弄，孩子上学也得接送照顾。包装香的时候还能看看视频抖音。在家方便，接送孩子上学，蒸饭不耽误事儿。在家没事儿，玩也是玩，收入宽敞一点。还能照顾到孩子，种种地，工作也不累。"

不同于在车间内工作的老人，王西连选择了在家工作。居家就业的形式为她省去了更多的体力来回奔走于车间和家庭之间，在家里同时也可以做做家务，照顾孩子，对年纪渐长、身体不便的她来说，无疑是极为贴心舒适的一项活计。

3. 家门口的幸福车间

老年人找到适合的工作岗位，通过劳动获得收入，"大大提升了在家中的地位和底气"——"随时有点零花钱给小孙子买点小零食"，在轻松愉快的工作环境中，聊聊家长里短，相互解闷儿，约着去买个菜，相互还可以寻求些帮助或者提供生活建议，无形中也加强了老年人的社会支持网络，"家里有事互相帮衬"，使老年人寻找到一种新的社会联系，大大提升生活价值感、获得感、幸福感。

图 3-3　58 岁的王春荣扶贫车间串牙线

王春荣的子女都在外打工，来车间工作 4 年了，上个月的工资达到了 2569 元，算是车间能手。王春荣身体健壮，除了农忙时需要付出大量的体力和精力，在平时有较多的空闲时间，希望能通过打工获得更多收入补贴家用。"家里种的地很少，玉米种上就等收，也不用管，有这个机会，就靠打工再挣点钱。来这里挣点饭钱，还能给小孙子（小学三年级）买个零食，交点学费。接送孩子很方便，中午回去做饭，不限制时间，很可以！"

流水线上大多都是像王春荣一样的老人，大家来自周边各个乡镇，彼此熟悉，车间对于在这里工作的人们来说，不仅是获得收入的场所，同时也是一个闲话家常，聊天解闷儿的地方，王春荣和其他老人边聊边干，充满干劲，拉近了邻里之间的关系，精神状态和生活质量都有明显的提升。

（二）扶贫车间多样化发展，老弱病残群体多元化就业

在扶贫车间建设方面，菏泽市坚持"六轮驱动"，推动扶贫车间全覆盖，使有意愿的贫困群众都能在家门口就业。采取龙头企业布点、返乡创业人员承租、"互联网＋"推动、本地能人创办、传统产业带动、新型经营主体引领六项策略并驾齐驱，鼓励他们自己设立扶贫车间，吸纳安置贫困群众就业。

菏泽市扶贫车间在发展过程中逐渐形成多元化的发展模式，为解决老弱病残就业问题，提升老弱病残群体工资收入提供了更大的吸纳空间，保证老弱病残群体务工稳定性，确保岗位满足就业人员需求，同时帮助促进个体手工艺纳入规模化生产，紧跟风口，引入电子商务助力扶贫车间获得更大收益。

1. 龙头企业布点，老弱病残务工稳定性有保证

龙头企业具有辐射延伸作用，菏泽市重点引导经济效益好、示范性强的龙头企业在贫困村布局设点。茗嘉兴扶贫车间现已成为贫困群众稳定务工、持续增收的脱贫车间、致富车间，实现经济效益和社会效益"双丰收"。茗嘉兴扶贫车间依托食用菌产业发展实际，组织务工人员对基地生产的食用菌进行简单分割加工，合作社统一支付加工费每公斤2

元，最大限度调动了贫困群众的就业积极性，吸引了附近大量老弱病残劳动力来此务工。

图 3-4　72 岁的李春英在茗嘉兴扶贫车间工作

今年 72 岁的李春英，家住附近，每天走着过来工作。"想什么时候来什么时候来，早或晚，来了都有活。"主要负责削蘑菇腿，按斤算工资，每天干五六个小时，能挣 60 多元。"俺儿子身体有点毛病，养点鸡，也不敢干重活。两个孩子都上高中。家里不种地了，包出去了，一亩地包八百块钱。有年纪了，也干不了别的活。干累了就起来跑跑。有个小孙子，中午回去给他做饭，他爷爷接他。这个工资，也没别的事，小孩子想吃个零食，挣个零钱给他买点东西。在地里干活不轻松，在这里不累多干点，累了少干点，就不来了。花钱的当口，领工资很及时，从来不拖欠，真是挺好！"

削去鸡枞菌的菌柄是进一步加工之前的必要环节，茗嘉兴产业扶贫基地以其规模化经营具有非常可观的产业效益，产业各项流程的规范有序，充分发挥其规模效益，为解决附近村镇老年人就业提供了稳定保障。

2. 返乡创业人员承租，本地熟人强带动

菏泽市通过出台政策、召开返乡创业大会等，鼓励在外务工人员带着信息、技术、资金、项目承租扶贫车间。截至 2019 年，7.5 万名返乡创业人员，领办创办企业 3.8 万家，其中承租扶贫车间 567 个，带动 7956 名贫困群众脱贫。返乡创业人员秉承对故土的情怀和社会责任感，为解决老弱病残群体就业问题贡献力量。

赵希贵在外从事藤编加工多年，一直想回家成立自己的公司，但苦于没有固定地方，一直未能如愿。箕山村扶贫车间建成后，赵希贵返乡创立"鄄城县金手指户外家具加工厂"，承租了箕山村扶贫车间，主要从事藤编加工。该扶贫车间产品供不应求，赵希贵又承租了箕山镇 8 个扶贫车间扩大生产规模。同时在箕山镇各村开办加工点 45 个，培养了一批藤编技术熟练的工人，辐射带动藤编加工业大发展，箕山镇"藤编特色小镇"初具雏形，实现群众就业 15000 余人，贫困户 820 人，增加了群众收入，取得了经济效益、社会效益的双丰收。截至 2017 年年底，吸纳群众就业 86 人，其中贫困人员 35 人，每人每月收入 1600—2300 元，有相当一部分老年人也可以在其中找到适合的岗位。

3. 传统产业纳入，手工活的致富新路

菏泽市鼓励企业依托手工产品传统产业集群优势，将传统居家分散式加工集中到扶贫车间。截至 2020 年，全市有 700 个从事马扎、鲁锦、布鞋、绒毛玩具、演出服饰、条柳编等传统手工业加工扶贫车间，带动 13836 名贫困群众就业。传统手工产业体力要求不高，相当一部分老年人原本具有手工能力，自如纳入产业车间，有效提升收入。

在牡丹区小留镇前王楼村扶贫车间里，有一位 73 岁的老员工——平翠荣，她和 48 岁的身患残疾的儿子艰难过活，是村里有名的贫困户。多年来，镇村两级领导非常关心，2017 年被建档立卡纳入精准扶贫户以后，将她安排到王楼马扎扶贫车间工作。虽然年老体弱，但她在马扎扶贫车间打打眼穿穿绳，一个月也能挣个 800 元到 1000 元，至今，已经摘掉了贫困帽子，生活有了明显改善，家里也添置了大冰箱。

69 岁的李瑞香也是前王楼村的贫困户，出家门不到半里路就能到车间上班。她高兴地说："我一个老年人没什么力气，可也不能闲着，要自食其力。我在车间穿穿绳打打眼，每个月能有 1000 多元的工资，一年下来也不少哩。"借助扶贫车间政策，让生产马扎的小作坊入驻扶贫大车间。一大批贫困户在此找到了固定工作，有了稳定收入。老人冯桂金说："俺几个人一边干活一边拉家常，许多邻里矛盾也在说话中化解了。人老了，重活累活咱也干不了，吃了饭就过来穿马扎，还锻炼脑子，现在每月收入差不多有 1500 元。"

来厂做工的以本村妇女为主，尤其是贫困户，她们大多年老体弱，重活累活干不了，除了接送孩子，有空就来穿马扎，平时在家也做手工活，在车间跟着老板干，少操心，挣得更多，收入更有保障了。

二、产业发展——自力更生，输血造血稳定脱贫

2016 年 7 月，习近平总书记在宁夏考察时指出，"发展产业是实现脱贫的根本之策。要因地制宜，把培育产业作为推动脱贫攻坚的根本出路"。2020 年 3 月，习近平总书记在决战决胜脱贫攻坚座谈会上强调："要加大产业扶贫力度。"在很多时候，产业发展与产业扶贫两条线，缺乏有机协调，开展产业扶贫时，缺乏产业发展的理念，产业扶贫要么变成输血式、救济式的扶贫，要么缺乏产业经营的意识，扶贫项目"输血的多、造血的少"，贫困对象缺乏自我发展后劲；扶贫资金"漫灌的多、滴灌的少"且管理不规范，效益难以充分发挥；重基础设施建设，轻扶贫产业开发，贫困群众增收不明显。

精准扶贫以来，菏泽市意识到必须通盘考虑产业扶持与产业扶贫，使两者有机结合，互促互进，融合发展。在市场经济体制下，产业扶贫

的关键是产业本身能否经受市场的考验，实现可持续发展。菏泽市在区域统筹的基础上，以"一村一品"为抓手深入推进产业扶贫。经过二十余年的发展，积累了农业产业化的发展经验。在产业扶贫的项目选择时，菏泽根据各地的产业基础，将资金与技术注入相关产业，引导贫困人口参与到各类产业的发展中去，切实发挥产业对于贫困人口，同时包括老弱病残群体的带动作用。

千条路万条路，关键要让群众找到致富路。菏泽市大力创建产业扶贫基地，有效吸纳老弱病残群体嵌入产业化发展链条中，通过劳动就业获得收入，贫困群众亦可享受分红，项目办得越来越红火，受益群众越来越满足。同时，传统优势产业以及地域特色产业对于老弱病残群体也起到了良好的吸纳和带动作用。随着工业化进程加快，一部分发制品、服装加工、电子产品、工艺品加工、农副产品加工等劳动密集型企业开始在乡村设立加工点，把一些技能要求不高的简单工序下放到农村，组织不便外出打工的贫困群众利用农闲时间进行手工加工，不仅降低了用工成本，也帮助其增加了收入。

（一）产业扶贫，带动就业乐享分红

菏泽市大力开展产业扶贫，筑牢贫困群众稳定增收根基，为实现脱贫攻坚与乡村振兴有机衔接，建立解决相对贫困长效机制，奠定坚实产业基础。产业扶贫是扶贫开发工作从"输血"向"造血"转变的重要举措，战略地位显著。2015年10月16日，习近平总书记在减贫与发展高层论坛上首次提出"五个一批"的脱贫措施，为打通脱贫"最后一公里"开出破题药方。通过发展产业，引导和支持所有有劳动能力的人依靠自己的双手开创美好明天，立足当地资源，实现就地脱贫。

在脱贫攻坚过程中，菏泽市注重把产业基地、龙头企业、专业合作社、家庭农场、能人大户与贫困户、扶贫资金有机结合起来，把贫困群众、老弱病残群众纳入产业化发展链条。产业扶贫项目在增加就业和分红方面为老弱病残群体发挥了重要作用。

1. 有效分红——"输血"机制再添活力

为稳定村集体和贫困户的扶贫资产收益、壮大扶贫资产效能，菏泽市制定完善《菏泽市农村扶贫资产管理办法》，菏泽市全面整合各项涉农资金，集中财力实施产业扶贫项目，引导"贫困群众变股东，扶贫资产变资本"，强化"输血"机制，通过产业项目带动进一步增收，再添活力。

2015 年以来，全市投入资金 27.9 亿元，实施扶贫项目 4338 个，大多数扶贫项目以固定资产投资形式开展，村级作为固定资产的实际所有者获得租金、入股分红等收入，优先用于老弱病残等无劳动能力贫困户政策保障基础上的兜底补助。

以成武县汶上集镇现代农业产业园为例，其一、二期项目共占地2000 亩，共投入扶贫资金 4100 万元，建设冬暖式日光温室、高温棚等各类大棚 200 余个，于 2018 年 9 月投产。主要种植彩椒和贝贝南瓜，产品供不应求，国内主要销往广州、深圳、上海、成都等大城市，对外出口东南亚。现代农业产业园建成后，农户可以到此务工，或者承包运营大棚；园区还按照 10% 左右的比例为贫困村和贫困户分红。

园区采用"保底工资 + 利润分红"的管理模式，激发贫困户内生动力，又提高园区的管理效率和运营收益。园区成立了尚远果蔬种植农民专业合作社，把大棚分包给务工农户管理，每人每天 70 元的保底工资。在此基础上，农户再按利润进行分红：大棚纯利润达到 1.5 万元的，按10% 分红；以后每增长 1.5 万元的利润，递增 10% 的分红。"俺用心学、用心干，赶上今年菜价高，估计着利润能达到 5 万元。私下算了算，俺今年至少能挣这个数。"在产业园承包大棚的牛爱秋伸出 4 个手指头，脸上乐开了花。

分红收入成为贫困农户收入中的一个重要组成部分，为缓解家庭经济压力起到了很大作用。同时，村产业大棚给农户带来理想的劳动收入，既不用外出打工，又可以凭借自己的技能在家乡谋一份工作，且有持续性和相对稳定性。

2. 增加就业——持续"造血"有盼头

产业扶贫项目以贫困户分红为"输血"路子，通过增加就业强化自主"造血"机制。规模化龙头产业在带动贫困群众，尤其是老弱病残群体就业方面发挥着瞩目作用。扶贫产业设有专项环节，技术水平要求不高，适宜有一定劳动能力的老年人、残疾人参与就业。扶贫产业中的就业岗位，能够有效增加老弱病残群体收入，提升生活质量。各地区充分运用当地资源，结合地域特色，发展出极具吸纳能力的产业基地，将老弱病残群体纳入其中，让持续"造血"成为现实。

专栏 3-1

茗嘉兴食用菌产业扶贫基地流程介绍

茗嘉兴食用菌产业扶贫基地始建于2015年，现已发展为菌种制作、菌包生产供应、食用菌示范栽培、加工、销售为一体的综合性产业扶贫基地。以合作社主要产品黑皮鸡枞菌为例，主要有以下几个流程：

①菌包原料熟化；

②菌包生产；

③灭菌；

④接种；

⑤养菌车间；

⑥种植大棚；

⑦加工和销售。

合作社实行"五统一"模式，已实现产、购、销一体的产业链，按照订单农业的模式带动周边11个村建立起自己的食用菌基地，解决了各食用菌基地在资金和技术上的难题，成为各村发展集体经济和精准脱贫的有效平台，成为当地村民增收致富的重要载体。

規模化、規范化的产业流程为带动村民就业提供了稳定的工作环境和工作岗位，除菌包生产、灭菌、接种等技术含量较高的环节，很多环节十分适宜老年人上岗就业，通过老员工帮带新员工的方式，新员工容易上手，很快能够通过工作获得稳定的收入。

图 3-5　食用菌生产加工包装流程中的妇女

李荷勋，他的子女都在外打工，老伴在家带孙子。来这里工作之前在工地打工，如今年龄大了干不了了。刚开始在外围什么都干，近几年企业流程管理越来越规范，主要从事打包，每天八小时，一天 100 块钱，一个月能挣 3000 块钱。李荷勋非常满意这份工作和收入。

"在这里吃饭免费，有食堂。有热水炉、开水房，条件还行，老板都挺好。村子附近来这里干活的很多，加盟的加盟，干活的干活，现在越来越规范了，行情很好。工作起来也很忙，家里有事时请假很容易，跟领导说一声，非常灵活。工作的年龄都是比较大的，五六十岁，也有四十多的。不同工作种类工资和工人年龄不等，有的计件。拔盖、接菌那边更多是女工。技术也是要培训，现在都不用厂外培训了。都熟练了，老人带新人很快就带会了。"李荷勋十分满意自己的工作岗位，并对产业基地赞不绝口。

图 3-6　57 岁的李荷勋在做鸡枞菌包装工作

　　"工作有考核。每星期开会，给种植户讲技术、讲问题。有个群，谁的蘑菇出问题了，直接在群里喊，处理问题有技术指导。有奖有罚，比如打包，称重不足、称多了都不行……有系统的规章制度。"

　　茗嘉兴产业基地吸纳了大量贫困户。贫困户相对于普通员工也有额外福利待遇，逢节日年底企业发一些福利、奖金来进行帮扶。"马书记对员工特别好！历来没有对员工有克扣、熊人（骂人）什么的。我们都有六七年的老人了。大家都愿意在这里干！"规范化的管理和运营使得在此工作的李荷勋对产业基地充满信心，感到工作稳定有着落，生活有保障，十分体面。

3. 开辟电商新路，残疾人笑开颜

近年来，电子商务的应用与发展，在残疾人扶贫工作中逐步凸显其优越性和适应性。在现实生活中，残疾人普遍存在自卑自弃、自我否定的心理，在生活和工作中相比于其他群体更加难以融入社会，面临更多就业困难和创业艰辛。电子商务的介入，将残疾人与消费者通过互联网连接起来，可以直接经由电商平台交换信息、进行交易，根据市场需求以销定产，降低成本，大大改善了贫困残疾人的生存和发展空间，增加了残疾人的致富渠道。

菏泽市立足电商快速发展的实际，将农村电子商务作为精准扶贫的重要载体，建立"企业＋贫困户＋电商""扶贫车间＋贫困户＋电商""合作社＋贫困户＋电商""生产基地＋贫困户＋电商"等模式，为全国提供了"菏泽样板"。

单县高老家乡孙老家村电子商务孵化基地成立于2016年6月，是高老家乡唯一的农村电子商务基地，位于高老家乡政通街288米路南。该基地水电设施齐全，统一木质地板砖，135平方米，联想电脑20台，统一配置的高档电脑桌，由网通公司安置的20G的宽带网，路由器功率大，可以满足多人同时使用无线WiFi。二楼有专门的办公室，三间隔断房，有大型的圆形会议桌，配备了多媒体投影，可以进行学习、开会等业务活动，满足团队经营网店的需要。目前该基地紧紧依靠县乡扶贫办及市县残联培训资源，瞄准农村贫困残疾人就业这一时代主题，通过学会电商这一技之长，让他们脱贫致富。

2017年开始，孙老家村电子商务孵化基地还从山东蚂蚁电商运营中心、菏泽天华电商工业园、单县广瑞电商孵化基地等地聘请了一批专业老师，开展了第一期高老家乡贫困残疾人电商培训。培训内容主要包括电商淘宝的系统知识，微商的操作方法和山东快米这一微商平台知识。培训老师们精心组织授课内容，由浅入深、由易到难，克服了残疾人自身学问浅、电脑操作基础薄、心理自闭等一系列难题，让他们了解、接受、感悟、学会经营电商，出现了学习电商的热潮。

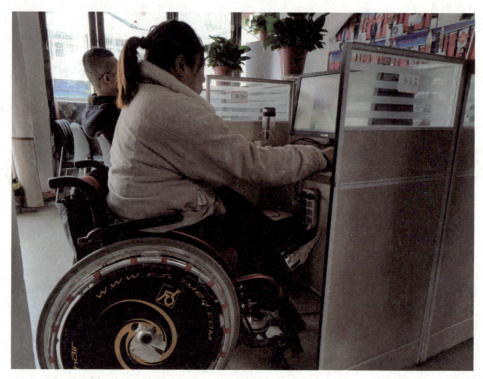

图 3-7　吴月丹在电商基地运营自己的电商平台店铺

　　吴月丹，患有肢体残疾，依靠轮椅生活，接触电商以前自主就业十分受限，在就业市场屡屡碰壁。接到乡镇通知有培训技能，选择来基地学习。在基地工作方便与团队伙伴商议代运营方案，也可以在家远程办公。主要工作内容是通过自己的淘宝、拼多多店铺卖自己家的芦笋，以及替三四家店铺代运营，收取运营费。母亲帮忙直接从自己家地里打包过来，运营、客服都是自己完成，这为吴月丹开启了新的人生篇章。

　　"怎么开店铺，客服管理，店铺运营，关于电商之类的其他知识，全都培训了。都是专业的有证的老师，教学方式也好接受。之前没做电商的时候家庭情况不行，现在好很多。上个月挣了三四千。卖得多挣得多，代运营也是。这里提供技术、提供场地、提供吃住，对于生活改善真是帮了大忙，电商对我们真的很方便。"

　　电商降低中间商和传统线下门店销售成本，为像吴月丹这样的群体带来了极大的便利，使他们真正实现成为社会家庭的帮扶者、自食其力的劳动者、社会经济的参与者以及财富共享的拥有者。

（二）发展传统产业，全链条吸纳老弱病残

《中共中央　国务院关于全面推进乡村振兴加快农业农村现代化的意见》中指出，加快推进农业现代化，构建现代乡村产业体系。依托乡村特色优势资源，打造农业全产业链，把产业链主体留在县城，让农民更多分享产业增值收益。加快健全现代农业全产业链标准体系，推动新型农业经营主体按标生产，培育农业龙头企业标准"领跑者"。立足县域布局特色农产品产地初加工和精深加工，建设现代农业产业园、农业产业强镇、优势特色产业集群等。

菏泽市巨野县素有"东果西林"之说，西半部林业资源丰富，木业发展迅速，现在已发展成全县木业加工专业镇，规模不断扩大，档次逐步提高，逐渐形成了种植、收购、旋皮、压板、细木工板、科技木、高密度板、家具、销售完整产业链条和木材加工产业聚集带。太平镇的木材加工产业由点到面，遍地开花，解决了周边地区相当一部分老弱病残群众务工问题，尤其将有一定劳动能力的老年人纳入木材初加工产业，已成为依托当地优势传统产业发展的典型案例。

太平镇已形成木材加工完整产业链条，原始加工以小作坊的形式开展，其工作灵活、成本低廉、工序简单，比较适合赋闲在家，有就业意愿和劳动能力的老年人。木材原始加工包括四个环节，分别是起钉、截条、截板、压板。产业下游流向当地企业"之元家居"，进行精加工，形成完整的产业链。

陈光先，主要工作是把废旧木料上的钉子起下来，以便将木料进行再加工。每天能挣六七十块钱，按斤称钉，每斤7块钱，随时可以结工资。仅起钉子环节共有十来个人工作。没有严格上下班时间。"重活现在干不了了，在这里坐着，工具齐全，起钉子比起以前到处跑可轻松！干累了想歇会儿就歇会儿。不干了明天就不来了都没事。这活儿很自由，

我们附近好几个都在这里干。"

图 3-8　房玉芝将废旧木料上的钉子起下来

　　房玉芝，夫妻二人都在这里起钉子。家里种地不耽误，家里十几口子人，大儿子是残疾人不能干活。儿媳妇照顾家。在这里工作同样看中了其工作时间灵活，要求不高，对于像自己和老伴儿这样的文化水平、技术水平不高的老人来说很灵便。

　　像木材加工作坊这样的产业在当地还有很多，对于老年人有极大的就业吸纳能力，形成规模效应，依托当地林木产业优势，有不可替代的生命力。

（三）发展特色产业，老弱病残也圆幸福梦

　　《中共中央　国务院关于实现巩固拓展脱贫攻坚成果同乡村振兴有效衔接的意见》中强调，聚力做好脱贫地区巩固拓展脱贫攻坚成果同乡村

振兴有效衔接重点工作，支持脱贫地区乡村特色产业发展壮大。特色产业的发展讲究"天时地利人和"，善于发现当地特色，挖掘特色，发展特色，是打响当地产业发展名片的关键一招，更能带动当地贫困群众，有能力、有意愿加入的老弱病残群体参与其中，走一条特色"造血"路子。

在菏泽，书画开辟出了一条脱贫路子。菏泽自古就是书画之乡，不仅出了宋代晁补之、李昭己、何氏家庭、曹氏家庭等书画名士，而且还有广泛的群众基础。巨野县把培育壮大书画产业与精准扶贫工作紧密结合，建设了巨野县书画精准扶贫示范基地。基地招募学员时主要以贫困户、留守妇女和残疾人为重点对象，助其通过培训成为职业画工，通过书画扶贫，拓展了贫困群众的增收渠道，实现了许多农户"一人绘画、全家脱贫"。

图 3-9　一位妇女在洪庙农民绘画专业合作社画画

在洪庙农民绘画专业合作社，从画师研发到农民生产再到销售出口，形成了一个庞大的产业链条，目前全国书画市场上80%的工笔牡丹都出自这些庄稼汉之手。

在合作社里指导学员绘画的贫困户王善花，几年前还是一个普通的农村妇女，因身体残疾无法外出工作，情绪很低落，自从接触了农民绘画，她就放不下手中的画笔了。

"我喜欢画画，画画不仅可以带来收益，也让我觉得自己是一个有用的人。"王善花说，最开始学画画时，由于没有基础，她只能跟着老师一笔一笔描摹，几个月后，她和几名同学共同完成了一幅作品，收到了第一笔工资。在这之后，王善花画起来更有劲头了，经常早上吃了饭就来，下午别人都走了，她还在坚持练习。

在合作社老师的鼓励下，通过两年的认真学习，如今王善花已能非常熟练地掌握工笔画的各种染色方法，每个月有了几千元的收入。王善花画的葡萄栩栩如生，很多客户看了都赞不绝口。"现在她担任我们画室的葡萄画种的导师，人比以前也开朗了很多。"

像王善花这样的妇女，在巨野农民绘画专业合作社有很多，合作社的固定成员有100人左右，其中90%是妇女，60岁以上的大多在家作画。除了洪庙村的村民，还有不少人来自其他村子。"她们中的绝大多数人没有绘画经验，可以说是零基础"，但这些拿起了画笔的农村妇女，基本上学习三四个月之后就可以拿到工资，月收入最少也有2600元，多的每月可以赚到4000元。

法国作家雨果说："人类的心灵需要理想甚于需要物质。"绘画帮助农村留守妇女、残疾人找到一种精神上的慰藉和依靠，他们投入其中，精研技艺，逐渐提高自己的绘画水平和艺术修养，并且获得理想的收入，生活相较之前更为充实，不仅物质上大大改善，更实现了一种精神上的满足。

第四章　社会合力：开展志愿服务，为老弱病残群体提供多元支持

　　习近平总书记指出："脱贫攻坚，各方参与是合力。必须坚持充分发挥政府和社会两方面力量作用，构建专项扶贫、行业扶贫、社会扶贫互为补充的大扶贫格局，调动各方面积极性，引领市场、社会协同发力，形成全社会广泛参与脱贫攻坚格局。"实践证明，在坚持政府主导扶贫的前提下，广泛动员社会力量积极参与扶贫济困，开展社会扶贫，是加大扶贫攻坚力度，促进贫困地区经济发展、加快全面建设小康社会进程的有效举措。贫困的老弱病残人口是制约精准脱贫和乡村振兴两大战略长效可持续发展的硬骨头，在老弱病残问题的解决上，不仅需要政府的兜底保障，市场提供就业机会，也需要社会各主体提供支持和服务。广泛社会力量的参与，不仅为贫困的老弱病残群体带去了资金、物品等物质上的帮扶，还能链接各种社会资源，为其提供形式多样的服务，满足其差异化的需求，使老弱病残群体得到更好更有针对性的帮助，从而有效建立保障老弱病残群体长效可持续的脱贫致富机制。

　　菏泽市聚焦聚力老弱病残等困难群体，坚持政府主导与社会参与相结合，大力弘扬社会主义核心价值观，以实施企业家认领贫困村、"两代表一委员"认领贫困户、爱心人士认领留守儿童和贫困生、志愿者认领孤寡老人，尤其是优先关注认领老弱病残等特困群体为主的"四认领"活动为载体，广泛动员和凝聚社会力量参与扶贫济困，形成了政府主导、市场吸纳、社会合力"三位一体"的工作格局。在参与主体上，企业强化社会责任担当，为老弱病残群体的生存发展捐款捐物；社会组织发挥专业优势和专业能力，吸纳社会资源，为老弱病残群体提供全方位爱心服务；村级组织立足于村内老弱病残实际需求，自发组织开展服务，保障其基本生活，解百姓之忧；爱心人士奉献真挚爱心，无私提供服务，为老弱病残群体带去物质帮扶和精神指导。菏泽市广泛动员社会力量，汇全市之力、聚各方之财、集全民之智，营造了"人人皆愿为""人人皆可为""人人皆能为"的良好环境，为老弱病残群体带去了物质上的帮扶、精神上的陪伴和能力上的培养等服务，确保老有所养、病有所医、残有所助，短期帮扶与长期发展相结合，让老弱病残群体共享经济发展的丰硕成果，努力实现脱贫致富共迈小康。

一、企业帮扶出百招，扶贫济困为己任

2016 年 3 月 4 日，习近平总书记在参加全国政协十二届四次会议民建、工商联界委员联组会时指出"许多民营企业家都是创业成功人士，是社会公众人物……广大民营企业要积极投身公益慈善事业，致富思源，义利兼顾，自觉履行社会责任。工商联开展的'万企帮万村'精准扶贫行动很好，要抓好落实、抓出成效。"在为老弱病残群体提供服务支持的过程中，企业是主力军。许多企业抱着回报社会的感恩心理积极投身于慈善和帮扶事业，践行了社会责任，组织人力物力积极投身帮扶行动，为当地发展和老弱病残问题的解决提供了物质基础。

（一）企业家认领贫困村，老弱病残有了"托管人"

菏泽市切实抓好精准扶贫，聚焦老弱病残群体，大力开展村企挂钩，集中组织帮扶企业与贫困户共同分析贫困村的致贫原因、帮扶需求，以及各企业的经营优势，进行双向选择、有效对接，提高了企业参与扶贫济困工作的精准度和有效性。各企业对扶贫开发也有了新的着力点，提高了参与的热情，形成了共同发展的强大合力。

在帮扶困难群体尤其是老弱病残人群方面，民营企业家的积极性比较高。东明县武胜桥镇武胜桥村的刘金太因患脑梗卧床 5 年，生活十分贫困，明胜集团成了他家的脱贫"托管人"之后，不仅给予资金救济，还安排他的儿子刘广国到企业工作，月收入四五千元，现已成功脱贫。东明县明胜集团不仅成为武胜桥村20多户贫困家庭的脱贫"托管人"，还在2016年4月初的武胜桥镇扶贫捐赠仪式上，又捐献30万元。

"企业的发展离不开社会和当地政府的支持，向困难群众奉献一份爱心是我们的职责和义务，我很高兴做这样的事情。"明胜纺织公司董事长尚胜友说道。明胜纺织始终抱有一颗感恩的心，积极履行社会责任，帮企业职工谋福利，造福一方百姓。2009年，明胜纺织工业园区在武胜桥镇武胜桥村落成，为回馈当地百姓对企业的支持，尚胜友颁布了一条惠民政策，对武胜桥村70岁以上的老年人每人每月发放补贴70元，80岁以上的老年人每人每月发放补贴100元，对该村考上本科的大学生，每人一次性资助2000元。对于家庭贫困的群众，逢年过节走访慰问，给予米、面、油等生活补助。

图 4-1 武胜桥村老年人代表领取生活补贴

从武胜桥村建厂以来，尚胜友就经常到该村走访慰问困难群众。一次，他在走访中了解到，70多岁的农民刘明亮身患偏瘫，老两口没有经济收入，儿子10多年前因车祸身亡，儿媳妇改嫁，只有一个上学的孙子，家庭非常困难。尚胜友当即决定把刘明亮作为自己重点照顾的对象，每年春节、中秋节传统节日，都要带着米、面、油和现金去慰问，并安排有关人员要经常去看望刘明亮。刘明亮逢人便说，我和尚董事长非亲非故，他啥事都想着我，晚上躺在床上睡不着，就想着咋感谢他，咱老百姓要给他送锦旗，只要我活着就不会忘记他。

（二）百企帮百村，对接帮扶效果好

在企业认领贫困村的背景下，菏泽市自2016年启动了民营企业"百企帮百村"精准扶贫行动，广泛动员民营企业家参与公益事业。截至2020年，菏泽市共有201家民营企业，结对帮扶233个村，其中贫困村120个、有贫困户的非贫困村113个，帮扶贫困人口9536人，累计投入资金1.6亿元，1.8万贫困群众受益。

图4-2　"万企帮万村"扶贫车间座谈会现场

在"百企帮百村"行动中，涌现出一批先进典型。如山东江正食品有限公司为结对帮扶的牡丹区胡集镇王屯村铺设了道路、安置了路灯，改善了村里的基础设施，对于没有劳动能力等老弱病残的贫困户，公司积极为其捐资捐物，改善生活条件。诚信集团累计出资 50 多万元慰问贫困户、敬老院，免费发放 1000 多台电风扇和优秀传统文化资料；博爱医院开展"精准扶贫健康关节·博爱行"活动，累计为 1000 余名村民提供免费医疗服务，针对建档立卡贫困家庭患者实施髋、膝关节置换手术 115 例，减免医疗费用 80 多万元。

自"百企帮百村"活动开展以来，广大民营企业勇于承担社会责任，立足自身优势，为解决老弱病残难题作出了突出贡献。巨野县工商联执委企业麟州家电有限公司积极响应市、县号召，对凤凰社区西刘庄村对口帮扶。针对西刘庄村村民出行难的问题，麟州家电有限公司在资金十分困难的情况下，投资 24 万元，把村中主要南北街道和一个小巷进行高标准硬化，修了下水道，使该村彻底改变了"旱天满尘土、雨天遍地泥"的状况，解决了村民出门难的问题，为村民尤其是行动不便的老年人的生活带来了极大的便利。老百姓由衷地赞叹道："如今的世道太好啦，习近平总书记太亲啦，麟州家电的魏总就像那及时雨，这不仅是为村里铺了路，更是通向我们未来幸福生活的阳光大道呀！"

不仅如此，面对西刘庄村集体经济薄弱，至今村民没有娱乐活动场所和养老院的情况，在该村村委会的支持下，2019 年麟州家电有限公司投资了 23 万元，把村中废弃多年的坑塘填平，建起了可容纳 120 多人的娱乐健身场所和可入住 36 位老人的养老院，解决了村民娱乐健身场所和留守老人老有所养的问题。每年的中秋节、春节，麟州家电有限公司还会对西刘庄村 70 岁以上的老人免费发放米、面、油、点心等，对困难群众捐助 200 元每人。

除了为困难群众生活带去便利，一些企业还发挥自身医疗资源优势，开展爱心救助，为疾病患者提供免费治疗。为积极救助郓城县唐庙镇陈南村因病致贫的贫困户，解决陈南村群众看病难、看病贵的问题，郓城县诚信医院对患有白内障、翼状胬肉、大隐静脉曲张、疝气、鞘膜积液、痔疮、儿童隐睾 7 项疾病的村民提供免费手术治疗，对建档立卡、因病致贫的 3 户贫困户，全程免费进行康复治疗。

近年来，郓城县诚信医院先后组织 7 名副主任医师、32 名医护人员组成医疗队，集中为陈南村和周边的村民进行助健义务诊疗。诊疗期间，对查出的需住院治疗手术的患者，择期安排住院。不需住院治疗的高血压、糖尿病、脂肪肝等疾病的患者，发放了健康教育宣传资料，由专科医师制订饮食计划、体育锻炼和合理用药等医学指导。5 天的义务诊疗，共服务群众 520 多人，发放健康教育传单 1600 份，心电图检查 178 例，筛查出重大疾病患者 3 例，需治疗的白内障患者 31 例，其他疾病 9 例。

俗话说："有啥别有病，没啥别没钱。"这原本不该有的事却被贫困人员谢元峰摊上了，他自己有严重的肝脏疾病，两个孩子还没结婚，对生活感到十分无奈。在诚信医院的精准帮扶下，他的心又"活"了起来。谢元峰说："从来没有对未来的生活如此充满希望，感觉日子还很有盼头。"这样得到帮助的贫困户，在该院是常见的事。

据不完全统计，诚信医院先后为陈南村及周边村 430 余名群众（耗资 12 万元）进行综合体检，为 2 名贫困群众实施白内障复明手术，对因病致贫的谢元峰、颜玉兰、毕翠霞 3 名贫困群众，所患的"肝脏衰竭、肾病综合征、白血病"治疗费用全部由医院承担，且其家庭成员所患任何病症医院全部免费治疗。

企业立足自身实际，积极践行社会责任，认领贫困村，投入力所能及的人力物力和财力，在改善贫困地区基础设施条件，开展爱心救助和提升保障服务水平等方面做了大量的工作，为老弱病残群体的生存和发展提供了更多的机会。

二、社会组织齐助力，全方位提供爱心服务

《国务院扶贫办开发领导小组关于广泛引导和动员社会组织参与脱贫攻坚的通知》中提到，参与脱贫攻坚，既是社会组织的重要责任，又是社会组织服务国家、服务社会、服务群众、服务行业的重要体现，更是社会组织发展壮大的重要舞台和现实途径。社会组织是社会力量的典型形态，是破解农村老弱病残问题的重要参与主体，能够在为老弱病残群体提供服务和支持的工作中发挥专业优势，吸纳社会资源，很大程度上提高了精准帮扶老弱病残群体的有效性和灵活性。根据社会组织成立的方式，社会组织可大致分为自上而下成立的"官办型"社会组织和自下而上成立的"草根型"社会组织。所谓"官办型"社会组织（又称官办社会组织），其特征主要是"具有编制，依靠财政，接受官员领导，体现功能"。也就是说，它们属于社会组织，但是由党政和其他机关直接经办，具有浓厚的官办色彩。"草根型"社会组织（又称草根社会组织）则可以认为是以自下而上的方式成立和运作，在相关社会领域合法开展活动，具有组织性、自治性、志愿性、非营利性、公益性的社会组织。不同类型的社会组织，在为老弱病残群体提供支持的过程中也发挥着不同的作用。

菏泽市精心打造公益品牌，高度重视社会组织在破解老弱病残难题中的作用，大力发展官办社会组织，为帮扶老弱病残提供重要的资金筹措渠道，积极支持草根社会组织的发展与运作，鼓励和引导草根组织以农村老年人、重病患者、残疾人为服务重点，按照"结对＋接力"的模式，实现和特殊特困人群"点对点"的精准帮扶。

（一）官办社会组织发挥自身优势，提供强有力的资金支持

资金是社会组织必不可少的资源，社会组织要想维持自身生存以及可持续参与扶贫，就必须获得充分资金。官办社会组织挂靠于政府，面向社会，广泛动员群众、爱心人士、企业参与其中，汇聚各方力量进行

资金的筹集，形成较大的资金规模，能够为各种公益项目提供有力的资金支持。

扶贫基金会便是官办社会组织的一个典型代表。2018 年在县委县政府的领导和县扶贫办公室的业务指导下，单县成立乡村振兴扶贫基金会。在爱心人士和爱心企业的大力支持下，基金会 2020 年度共接收定向和非定向捐赠资金 5892896.69 元，为各项公益项目的开展打下了坚实的物质基础。为了让捐赠者舒心，让百姓满意，为想为家乡做点事的能人提供机会，基金会还创设了"乡村振兴村级专户"平台，先有项目后有捐助，捐资跟着项目走，即每村于年初确定 1 个以上本村年度公益项目，向本村乡贤及企业、社团组织发出爱心捐资倡议，让资金的募集和使用完全公正、公开、透明，更好发挥资金效益。

 专栏 4-1

单县乡村振兴扶贫基金会

单县乡村振兴扶贫基金会成立于 2018 年 11 月，由单县民政局批准注册登记。业务主管部门为单县扶贫开发办公室，属公益性、非营利性基金会。基金会秉承聚金传善、扶贫助弱、乐于公益、促进和谐的宗旨，围绕精准扶贫，教育扶贫决战决胜脱贫攻坚和乡村振兴等公益事业开展工作。基金会面向社会筹款，筹集所得资金用于自然灾害救助、扶贫助残、环境保护、改善及提升教育和医疗水平等公益项目。

按照《中华人民共和国基金会管理条例》，根据民政部门的批准意见，理事会成员有 5 人，其中理事长、副理事长、秘书长各一人，理事 2 人，另有监事 2 人，办公室工作人员 2 人，财务工作人员 3 人，共计 12 人。办公场所及办公设施由县扶贫办公室提供。

为凝聚社会力量参与爱心助贫，基金会专门设立了"乡村振兴公益基金村级专户"。"乡村振兴村级专户"设立后，单县乡村振兴扶贫基金会为其设立独立的网络窗口，对外介绍村庄情况的同时接收社会各方捐赠，并能通过窗口向捐赠人和社会大众公示各公益项目进展和支出情况。只要是有利于改善农业农村农民生产生活条件、能够解决好"三农"问题的项目，农村中的助贫、助老、助学、助医和公共基础设施建设，乡村振兴公益基金都可以为其提供支持。

集乡村振兴和扶贫于一体的基金会在解决老弱病残问题的公益项目上也提供了充足的经费支持。2020年年初，单县乡村振兴扶贫基金会设立了"爱心助残"项目，7月向县残疾人联合会支付救助金150万元，用于购买残疾人轮椅、手推车、拐杖、康复健身器材、励志丛书、报刊等物品，较好地解决了残疾弱势群体现实生活和精神食粮问题。在教育扶贫方面，和单县同心圆梦爱心协会联合救助因灾、因病致贫等困难家庭学生300余名，向他（她）们发放救助金、衣物、学习用品等。2019年基金会还在高韦庄、郭村、龙王庙、终兴、谢集五个乡镇养老周转房分别设立了"爱心之家"，投入2.5万元，专门配备了电视机、洗衣机、洗脸盆、晾衣架、洗衣液、理发工具等助老设施和物品，还会同人社部门配备了5名公益岗人员为失能老人服务，让30多名老年人受益。高韦庄镇还用捐款50万元建设了养老周转房暖气工程，有效改善了贫困老人居住条件。

同样地，成武县汶上集镇慈善救助站也是自上而下成立的社会组织，利用筹集来的善款为困难群体提供及时的物质帮扶，以免陷入临时性的困境。成武县汶上集镇慈善救助站由市慈善总会和县慈善总会指导成立，主要在本镇范围内向企业、房地产开发商、爱心人士、民间组织和村民等筹集善款，向贫困户、低保户、五保户和残疾人这一类困难群众实施救助，开展安老、扶孤、助残、助医、助学等各种慈善救助活动。慈善救助站坚持专款专用，量入为出，救助金额视实际情况而定，500—3000

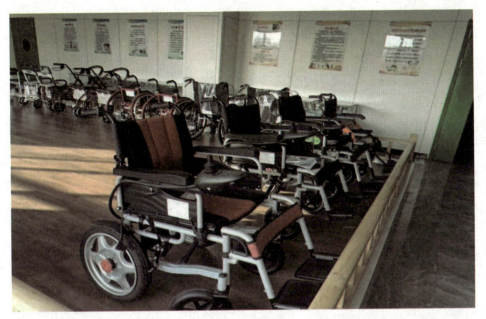

图 4-3 在单县乡村振兴扶贫基金会资助下残联购买的轮椅

元不等，将每一笔钱用到刀刃上。截至 2021 年 3 月，在成立不到一年的时间内，汶上集镇慈善救助站共救助困难人员 434 户，共发放慈善救助款 65870 元，救助对象中涵盖了贫困户 236 户，低保户 82 人，特困供养人员 55 人、残疾人 63 人。除慈善救助款外，慈善救助站还为 417 户困难群众发放了油、米、面等生活物品，在提供物质帮扶的时候还给予了精神抚慰。

 **专栏 4-2**

成武县汶上集镇慈善救助站

汶上集镇慈善救助站成立于 2020 年 9 月 15 日，是菏泽市第一个镇级慈善救助站，是菏泽市慈善总会和成武县慈善总会工作职能的延伸和下放。在县慈善总会的指导下，开展本镇的慈善工作。镇慈善救助站办公场所设在民政办公室，配备相应的办公设施，悬挂"菏泽市慈善总会成武县慈善总会汶上集镇慈善救助站"牌子。

慈善救助站设站长1名、工作人员2名并建立监督小组。镇慈善救助站站长由民政主任郭永成担任，慈善工作人员由侯静、丁金阁担任。

镇慈善救助站资金主要募集对象为本镇范围内规模以上企业、房地产开发商、服务业；农村种养殖大户、一般企业、个体经营者、在外成功人士、富裕村民。

镇慈善救助站坚持上级业务指导，专款专用，坚持慈善事业"大众化、全民化、常态化、全覆盖"的方针，向急需救助的困难家庭和弱势群体实施救助，开展安老、扶孤、助残、助医、助学等各种慈善救助活动，确保困难群众在遇到急、难、险的时候，能够在第一时间内得到及时有效的救助。

家住成武县汶上集镇牛双楼村的牛瑞兰便是汶上集镇慈善救助站的受惠者之一。患肺癌晚期治疗花费巨大，尽管在各种医疗报销之后，牛瑞兰自己还是承担了十几万，后期服药的费用和3个月一次复查的检查费用也是一笔不菲的花销，这对于家庭收入颇微的牛瑞兰来说，是无法承担的压力。"生病之后得长期要人照顾，老伴儿干不了活，家庭收入很少。以前也没想过找国家要救济，现在没办法"，在进行相关流程的申请后，慈善救助站为牛瑞兰送去了3000元的善款，"虽然只有3000块钱，但对生活有一定的帮助，短期内俺老两口不用为生活费发愁了，俺知足了。"

（二）草根社会组织扎根基层，满足差异性服务需求

不同于具有资金优势和浓厚官办色彩的官办社会组织，草根社会组织立足于实际问题，成员自愿参与自我管理，长期与老弱病残群体接触，与他们保持着密切的联系，能够较好满足老弱病残人群差异化的救助需

求。志愿者协会就属于草根社会组织的一种，通常是在致力于从事志愿事业的爱心人士的发起组织下成立，链接政府部门、企业、医院、学校等社会资源，动员社会同样愿意从事于志愿事业的人参与进来，为有需要的群体提供服务。

菏泽市各地区涌现出一批积极的志愿者协会，它们都在各自的领域贡献着扶贫济困的力量，为老人、疾病患者和残疾人提供了物质帮扶、情感陪伴和能力培养等全方位的爱心服务，建立了志愿活动的长效服务机制。

如成武县志愿者协会针对农村分散供养的困难五保老人，发起了"幸福敲响五保老人门"的助老项目，经过实地调查走访，从 300 多位农村五保老人中慎重筛选出特别困难的 100 位老人作为结对帮扶对象，组织 100 名志愿者"一对一"结对认领，开展了完善困难五保老人个人信息档案、房院卫生、个人卫生、亲情水饺、心灵沟通、表演节目、健康体检、亲情慰问、安全防护和临终关怀等十余个项目，改善老人生活状况，丰富老人情感生活，引导老人积极健康地生活。

成武县天宫庙镇高庄村的史成昌老人是成武县志愿者协会成员马桂芳的结对帮扶对象之一。2017 年 7 月 1 日，协会举办"党徽闪烁庆七一金晖助老献爱心"活动，马桂芳和志愿者一起，带着米、面、油等爱心礼品，来到史成昌老人家里，为老人包水饺，陪老人一起过建党节。老人摸索着打开一箱奶，非要马桂芳拿给大家喝，拗不过老人，大家接过奶，又悄悄给老人放进箱子里。老人院子里有一棵枣树，老人非要马桂芳她们摘点红枣带着，不带老人是坚决不同意，拗不过老人，每个人摘了几个红枣，老人才心满意足地笑了。

2018 年九九重阳节当天，成武县志愿者协会为天宫村六十岁以上老人举办"百老饺子宴"，马桂芳想到上次去史成昌老人家里，马扎子坏了，便为老人买了马扎子，又驱车十几公里去接老人到天宫吃水饺，老人感动地说了一遍又一遍"天大地大，没有志愿者的恩情大"。

同样，巨野县雷锋救援队也积极贯彻推行"真心、诚心、动心"+"实意、诚意"的"三心两意"帮扶法，在认领孤寡老人工作中取得了良好的帮扶效果。巨野县永丰社区杨堂村杨汝敬夫妇是雷锋救援队帮扶对象之一，分别已是89岁、92岁高龄，儿子常年身体不好，早已出嫁的女儿也患上了精神疾病。雷锋救援队在帮助老人打扫卫生之后，针对老人吃水难的问题，组织了16名队员，带着镢头、铁锹等工具，经过一上午的努力，接通了自来水，完成了老人的心愿，老人拉住帮扶队员的手，心满意足地说："我们这辈子算是值了，感谢雷锋义务救援协会的队员们，帮了我们大忙了！"

图4-4　雷锋救援队队员为老人挖沟渠接通自来水

除了对扶贫对象进行物质、资金等方面资助，帮其解决基本生活问题的"输血式"扶贫，对扶贫对象进行教育和培训，让其获得可持续生计资本的"造血式"扶贫也同样重要。单县志愿者联合会创新了"611工程"，每6名志愿者组成一个小团队，每人每天拿出一元钱，1个月就是180元，来资助一名亚孤儿或者父母双方有病无力抚养的孩子。同时，单县志愿者联合会开设孔子学堂平台，对"611助学工程"的孩子开展每年为期5天的冬夏令营，开设感恩、孝道、励志、心灵成长、道德教育、家风家训、回馈社会等课程，对孩子进行励志教育和品行培养，激发其信心，提高生存和发展的各项本领和能力。单县志愿者联合会会长赵秀英说："开始来的孩子特调皮，有的特内向，夏令营教他们演讲能力，教他们励志感恩，效果非常好，回访到学校老师，老师都说跟变了一个人一样。"

这些志愿服务，给予孩子们的不仅仅是经济上"输血"，更重要的是精神上"输氧"、人格上"补钙"，也使其拥有了更多发展和改变命运的机会。

图4-5　单县志愿者联合会"611爱心助学工程"

 专栏 4-3

单县志愿者联合会"611 工程"

"611 助学工程"是单县志愿者联合会联合单县团县委、县妇联、县工会、县文明办、县少工委于 2014 年 6 月发起的品牌项目，以助力孤困学子顺利完成学业、健康成人成才为目标。该项目 2015 年被省委宣传部、组织部，省文明办、团委、妇联等单位共同开展的宣传推选"最美志愿者、最佳志愿服务项目、最佳志愿服务组织、最美志愿服务社区"（"四个 100"）活动中，被评为全省"最佳志愿服务项目"。

6 人为一个捐赠团，1 人 1 天省 1 元钱，1 个月就是 180 元。按照全县普通初高中的困难学生生活费水平一般在 160 元到 190 元之间来定，180 元钱对于一个家庭困难、品学兼优的学生来说，可以满足其一个月的日常生活开支。同时，每季度"611 助学工程"管理小组人员去学校关注孩子学习情况、思想状况，做情感疏导，为他的成长成才保驾护航。

孔子学堂每年开设两次"611 助学工程"，学子将进行 5 天冬夏令营学习。联合会 2015 年帮扶了 22 个孩子，2016 年帮扶了 39 个孩子，2017 年帮扶了 40 个孩子，2018 年开始和其他公益组织合作，共帮扶了 70 个孩子，其中有 9 个考上了大学，包括 6 个重点本科。在帮扶对象考上大学以后，联合会和学校所在地方的商会联系，为其提供一些外部资源的链接，进行持续性的帮扶。

"611 助学工程"得到腾讯（99）公益支持，同时得到全国单县在外商会（北京单青联、青岛商会等）的慷慨解囊，助力单县寒门学子。让更多的人轻松参加公益活动，"积微善成大德"，帮扶家庭困难的学子完成学业，渡过难关，这就是单县志愿者联合会发起"611 助学工程"的初衷。

三、村级组织干劲足，自我服务促发展

乡村振兴，组织振兴是关键。习近平总书记指出："要推动乡村组织振兴，打造千千万万个坚强的农村基层党组织，培养千千万万名优秀的农村基层党组织书记，深化村民自治实践，发展农民合作经济组织，建立健全党委领导、政府负责、社会协同、公众参与、法治保障的现代乡村社会治理体制，确保乡村社会充满活力、安定有序。"村级组织是村民自我管理、自我教育、自我服务的基层群众性自治组织，在办理本村的公共事务和公益事业，向人民政府反映村民的意见、要求和提出建议上发挥着重要的作用，是党联系群众的"最后一公里"。同时，村级组织长期扎根于基层，深谙群众的贫苦和需求所在，可以针对实际情况因地制宜地带动贫困群众发展，为群众办实事，解民忧促和谐，促进村集体的整体性发展。

（一）"日间照料＋邻里互助"助老模式：老人生活有保障

在人的多层次需求中，生理需求是最基本也是最重要的需求，没有生存何来发展。对于身体机能各方面下降的老人来说，生理需求在一定程度上成了他们最迫切的需求。菏泽市经济发展水平略微滞后，相当一部分年轻人选择外出务工，留在家里的年轻人则还要兼顾打零工、农业生产等，无暇照顾老人。随着年岁的增长和自理能力的下降，许多老人的生活甚至是基本的吃饭需求都不能得到满足。为了提升老人幸福感和获得感，村级组织立足于村内老人实际需求，围绕老人生活问题开展了新工作。

沈庄村位于定陶区南王店镇西北部，辖 7 个自然村，人口 1968 人，其中建档立卡贫困户 60 户、142 人，2020 年年底已全部脱贫。定陶区南王店镇为典型的农业乡镇，早春西瓜是该镇特色产业。沈庄村位于南王店西瓜产业园内，种植西瓜面积大，瓜农多，瓜菜管理占用时间较长，中青年长时间在棚内劳动，无暇照顾老人。西瓜管理、销售的关键时间，甚至连老年人吃饭都不能保证，有些老年人一个馒头一碗水就是一顿饭。

如何让老年人能够吃上有营养的热饭，过上更有质量的生活，成为村"两委"为群众办实事的一项新课题。

为提升老年人生活质量，经多次会议研究，沈庄村"两委"决定采取一种全新的扶贫助老模式：以村日间照料中心为平台，并设置"日间照料""邻里互助"两个扶贫公益岗位，为老年人和特殊贫困群体提供集中就餐、日常照料、就医护理、助残服务、代办事项、情感疏导等服务，提升老人生活质量。就这样，老人吃饭有了着落，也有了休息娱乐的场所。

图 4-6　沈庄村"两委"讨论如何解决老人吃饭难题

 专栏 4-4

南王店镇沈庄村扶贫公益岗工作职责

经上级扶贫、人社部门同意，在沈庄村设置"扶贫公益岗"2个，帮助鳏寡孤独、失能半失能老年人"清理家庭卫生、清理生活不良习惯，培育邻里互助关系，提升贫困户精神面貌"，实现特殊贫困人口帮扶全覆盖。现结合村实际，对"扶贫公益岗"明确以下职责。

一、邻里互助公益岗

主要为生活不能自理人员提供经常性上门服务。

1. 生活照顾。帮助被护理人员清理庭院卫生、个人卫生，培育良好生活习惯。每天探视被护理人，具体开展"7+1"生活服务，即每三天清理一次家庭卫生，每周晒一次被子，每周洗一次头，每月洗一次床单、被罩，每两周剪一次指甲，每月理一次发，每半年拆洗一次被褥，根据需要不定期换洗衣服，解决特殊贫困人员日常照料难题。

2. 安全防范。注意安全隐患排查，经常检查被护理人员电线、电器、门锁及做饭、取暖设备等，发现安全隐患，及时化解或联系专业人员排除。

3. 事项代办。帮助被护理人买药送诊、日用品代购、养老医疗办理、水电费缴纳、定时送饭等，解决贫困人员外出办事跑腿难题。

4. 沟通交流。帮助被护理人传达诉求信息、反馈办理情况，劝解疏通开导、排解生活压力，培养被护理人积极进取、乐观向上的精神状态。

5. 协助村"两委"对扶贫助老服务中心老人服务工作。

6. 服从村"两委"管理，做好村"两委"安排的其他工作。

二、日间照料公益岗

主要为集中就餐人员提供日间照料服务，重点提供就餐服务。

1. 充分利用食材，搞好每日三餐的营养调配，提前准备食材，做到准时准点开饭。

2. 做好厨房安全防事故工作，做到用电、用火安全，购置、使用安全食材，防止食物中毒。

3. 负责食品、调料、餐具等的保管和验收工作，保证食品不变质、不霉烂、不丢失、不浪费。

4.做好库存食物总量平衡工作，既要防止食材短缺影响伙食质量，又要防止库存量大造成浪费。

5.做好厨房的日常管理工作，食品及餐具等物品不得外借。非工作人员不得随便进入，做好防盗、防火、防潮、防鼠工作。

6.做好厨房卫生保洁工作做到窗明干净，一尘不染，餐具清洁，按期消毒，生熟分开，放置整齐；个人讲究卫生，消毒柜、冰柜内食品摆放整齐、柜内干净，柜外无油污，水池、窗台清洁无灰尘、无油污。

7.协助村"两委"对集中用餐老人的管理，保持扶贫助老服务中心有序运行。

8.服从村"两委"管理，做好"两委"安排的其他工作。

今年85岁的宋仁久是沈庄扶贫助老服务中心的"常客"。老伴儿去世多年、两个孩子在外打工，基本的一日三餐对于年岁已大的宋仁久来说都是难题。扶贫助老服务中心的成立让宋仁久的烦恼减轻不少，一听说村里成立了个助老中心，既可以吃饭，还能休息娱乐，宋仁久果断地报了名，"我看着这个事儿挺好，对老人尊老爱幼照顾得挺好，年轻人在外面挣钱照顾不了，自己也干不了活了，拿100块钱来这儿吃饭，省事儿。"不出宋仁久所望，助老中心的生活确实不错，"菜每天都会换着吃，肉、豆腐、稀饭、黄瓜、蒜苗炒肉这些基本都吃过，早上吃个鸡蛋，隔几天吃一顿饺子、面条，味道还好，家里还吃不到这么好的，比俺自己在家里强多了。"在问及助老中心生活如何时宋仁久幸福地回答道。

沈庄扶贫助老服务中心不仅关注老人的物质生活，解决了老人吃饭难题，还振奋了老人的精神状态。王春同老人是村里典型的贫困户，因老伴儿大病致贫，老伴儿去世之后王春同陷入痛苦和孤独的深渊，他丧气地说："老伴常年有病，肺气肿，经过很多医院，看不好。肺功能没有了，钱也花得差不多了，去世了。"但村里自从建了扶贫助老中心，他的生活和心态都彻底改变了，在健身室做锻炼的王春同老人说："很痛快，精神上很满足，这是党给的恩惠，所以我感谢党。"

图 4-7　沈庄扶贫助老服务中心为老人提供一日三餐

扶贫助老服务中心让有行动能力的老年人过上了三餐无忧、幸福祥和的新生活，但村内行动不便、无人照料的其他特殊群体更需要照顾。为了强化鳏寡孤独、失能半失能特殊群体的兜底保障，村"两委"又申请了 1 个"邻里互助"扶贫公益岗，主要为生活不能自理人员提供生活照顾、安全防范、事项代办、买药送药、沟通交流等上门服务，解决特殊贫困人员日常照料难题。

家住定陶区南王店镇沈庄马庄村的马春书便是"邻里互助"扶贫公益岗的受惠者之一。马春书是一名残疾患者，8 年前因为脑溢血而引起肢体残疾，妻子李德英视力四级残疾，夫妻二人共同生活。马春书长期需要人的照顾，不能离人，李德英在买药或者生活用品等方面就不大方便。幸亏有了村里"邻里互助"公益岗马年生的帮助，一个或两个星期来一次，打扫打扫卫生，帮忙买点药，买菜买米面油，交电费等，这样一来，马春书的日常照料问题得到了解决。"三个闺女在附近打工，都忙得很，老伴儿也离不开人，得亏公益岗的人帮忙买药送药，遇见刮风下雨时还会上家来看看，检查检查线路，帮了俺大忙了"，李德英说道。老弱病残照料行动的开展，提供了扶贫公益岗位，既提高了上岗老人的收入，又照顾好了生活不能自理的贫困群众，两全其美。

图 4-8 "邻里互助"公益岗马年生上门询问马春书近况

"离家不离村，空巢变暖巢"，随着扶贫助老服务中心设施逐渐完善，运营机制逐渐成熟，沈庄扶贫助老中心老人们的生活体验也越来越美好，实现了"老有所养""老有所乐"。

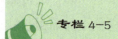 专栏 4-5

南王店镇沈庄村老年人活动中心就餐协议

甲方：沈庄行政村

乙方：本人签字

丙方：子女签字

为加强我村老年活动中心的管理，更好地服务沈庄村老年晚年生活及娱乐，维护双方的合法权益，经甲乙丙三方自愿签订该协议。

第一条：本行政村七十五周岁以上的老年人在本村居住（不含退休人员）的，每月缴纳伙食费100元，甲方提供早餐、午餐、晚餐和娱乐场所，如乙方当日不能前来就餐，应提前告知甲方。

第二条：甲方不负法律的情况如

1. 乙方在自行运动中或其他活动时发生的烧伤、烫伤、摔伤、跌倒骨折、身体损伤等事故，甲方不承担任何责任。

2. 原有的疾病加重或者慢性疾病急性发作或突发性疾病，甚至死亡的，甲方不承担责任。

3. 酗酒、抽烟等不良嗜好所引发的后果，甲方不承担任何责任。

4. 乙方自己带来的食物造成食物中毒的甲方不承担任何责任。

5. 乙方与外人生气或不告知工作人员自行行为时出现后果的甲方不承担任何责任。

6. 乙方在就餐往返途中出现的任何意外事故甲方不承担任何责任。

第三条：乙方出现以下情况的甲方有权让乙方退出就餐协议：

1. 乙方有传染疾病的。

2. 每月月初不缴纳生活费的。

3. 严重妨碍其他老年人正常生活的。

本协议一式三份，具有同等法律效力。

甲方：沈庄村民委员会

乙方：本人签字

丙方：子女签字

（二）乡村夜话，听民声解民忧

了解老弱病残群体的实际需求和难处，是为其提供帮助和服务的前提。鲁西南地区农村群众有在夜晚聚在一起"拉呱说事"的习惯。如今在菏泽，为了更好地"听民声，解民事"，重拾了"拉呱说事"这一乡土文化传统，并且有了一个新的名字叫作"乡村夜话"。它易于推行且效果甚佳，具体形式是由镇村干部组织村民利用晚饭后的时间，围绕村内具体事务，共同商量解决办法。"有事好商量，众人的事情由众人商量"理念深入人心，"乡村夜话"活动成了讨论村内事务的好平台。

图 4-9 "乡村夜话"活动现场

以单县为例，自 2018 年至 2020 年，"乡村夜话"在单县 22 个乡镇 502 个村推广，形成制度性文件 22 个。2020 年 7 月，单县工信局和黄岗镇镇政府在段庄村开展了"乡村夜话"活动，单县工信局局长段伟与村民同围坐一张桌旁，深入了解村民生活，亲切询问"两不愁三保障"政策是否得到落实。活动中，段伟结合工信局职责再次把单县的扶贫政策进行了详细讲解，为村民答疑解惑，特别是说到教育、医疗、孝善养老方面的相关政策时赢得了村民的热烈掌声。参与活动的一位老人表示，以前根本想象不到老百姓能有这么好的生活，在党的带领下上学有补助、看病有医保、老人有养老保险，真不孬！

由于年轻人多数在外打工，参与"乡村夜话"活动的多是留守在家的老人，他们的积极性也非常高。对于老人们来说，这不仅是和村民聊天排解平日孤独的机会，还能给大家讲讲往日生活的经验，对村内事务和村民生活提出一些经验性的建议。对于村子内一些孤寡或年岁已高老人的生活问题，也是"乡村夜话"活动中常常讨论的问题，在村委干部的牵头下，村民也纷纷献言献策。

亲切熟悉的环境、轻松自然的氛围，"乡村夜话"听民声、解民事、聚民心、汇集众智，不仅成为村"两委"同群众商量大情小事、解决实际问题的重要途径，还激发了人们对孝老敬老的意识。例如单县高老家乡尚楼村借助"乡村夜话"，率先做出探索——成立孝善敬老理事会把"孝老敬亲"写进村规民约，弘扬孝老敬老传统美德。

四、群众奉献真挚爱心，涓涓细流抚人心

脱贫攻坚离不开群众参与。经过十八大以来"精准扶贫"工作后，党中央已经积累了丰富的经验、打下了坚实的基础。十九大报告则在此基础上，进一步提出了坚决打赢扶贫攻坚战的新策略和新机制，其中主要表现之一便是要全面动员全国全社会力量。扶贫脱贫是党的头等大事，也是头等难事。没有全国动员、全民参与，集聚全社会的力量是难以取得胜利的。人心齐，泰山移，群众最大限度的参与热情与创造活力，凝聚成了坚不可摧的强大力量。随着社会的发展，公众的价值观也逐渐发生了转变。人们开始认识到，扶贫济困也是一种社会责任和付出，是弘扬中华民族传统美德的具体行动。在动员全社会参与破解老弱病残难题的动员和感召下，菏泽市各民主党派、工商联、群团组织和社会各界

人士充分发挥自身优势，全身心投身到扶贫济困事业中，自发地根据自己的能力来为他人、为社会、为困难群体进行一些帮扶。

（一）"两代表一委员"主动参与，注重典型带动

菏泽市积极组织"两代表一委员"广泛开展"扶危济困、奉献爱心"助推扶贫活动，认领贫困户结对帮扶。"两代表一委员"谨记自己的党和人民赋予的一份特殊荣誉，肩负起扶贫开发的政治责任，带头参与、主动投入各类帮扶活动，弘扬扶危济困的传统美德，发挥各自专长和优势，通过联村联户、结对帮扶、捐资助困、兴水修路、引资引智等多种方式，为老弱病残问题的解决发挥了典型引领作用。截至 2020 年，菏泽市共有 7043 名"两代表一委员"认领 18960 名贫困人口，他们以实实在在的行动参与到扶贫济困的具体工作，充分展示了情系民生、履职为民的责任担当。

例如菏泽市牡丹区农工党员谢鹤展，创办了鹤展骨伤医院，坚持每年为社区居民免费查体、为老年人讲授保健知识等社会活动，捐款捐物累计 10 多万元。谢鹤展常说："医者，先做人，后行医。"一次，像往常一样，他带队到牡丹区王浩屯镇朱庄村义诊，义诊后已近中午，就安排医务人员收拾诊疗设备，准备返回位于城区西安路的菏泽骨伤医院，同时因担心有不知道的村民到后扑空，就招呼即将散去的村民："大叔、大婶，天也不早了，如果遇到还没有接受检查的，麻烦你们告诉他们一声……"村民听后纷纷应了下来。

正接受检查的一位村民问道："那身体不好，没办法赶到现场的，是不是就不给检查了？"谢鹤展听后表示可安排医务人员到家去问诊。村民告诉他，村上还有个朱老汉，儿子得白血病去世了，儿媳又转嫁他乡，朱老汉和老伴因患病不能前来义诊。谢鹤展赶忙走上前说："大叔，我们也不知道这个情况，你看能不能麻烦你给引下路，我带领医务人员入户给老人瞧瞧病。"村民听后愉快地答应了，之后他带上诊疗设备、药品赶到朱老汉家，朱老汉知道后握着他的手连连道谢。

后来，朱老汉的病不但治好了，他们还成了朋友。为此，朱老汉逢人就讲："谢院长给俺看病，不但送来治病的药，逢年过节还牵挂着俺和老伴，俺这辈子算是遇到好人了！"每当别人说及此事，谢鹤展总是憨厚地笑着说："谁都有作难的时候，那种情况下换作谁都会伸以援手，何况我又是一名医生，扶危济困更是义不容辞！"

不仅救急救难，"两代表一委员"还关注到了老弱病残等困难群体的日常生活。成武县苟村镇前张口行政村的黄付坤是农机补贴办副主任程允增认领帮扶的贫困户，今年 68 岁的黄付坤养殖了羊、鸽子等动物，加上种植收入以及各种补贴和老伴儿一年有一万多一点的收入。问起"两代表一委员"认领的事儿，黄付坤像谈起亲人一样地说道："他叫程允增，农机局的主任，一个月来看俺一回，有时候一个月还会来两三回，打扫卫生，问问有什么困难，还给俺买了鸡蛋、暖壶这些，都是他买的。""当领导的能这样我就已经很满足了，上家里来看俺，还买东西。"黄付坤满意地说道。

图 4-10　黄付坤老人脸上洋溢着幸福的笑容

（二）热心人士用爱心服务，不计名利做志愿

开展为老弱病残群体提供多元支持的行动，是为广大爱心人士建功立业回报社会搭建的重要平台。近年来，菏泽市社会各界爱心人士始终秉承"致富思源、富而思进、扶危济困、乐善好施、义利兼顾、德行并重、发展企业、回馈社会"的精神，与党和政府在思想上同心同德，目标上同心同向，行动上同心同行，积极开展回馈行动，大力回报社会支持，充分体现了高度的社会责任感。

众多爱心人士中不乏倾尽自己的力量助贫的感人事迹。单县志愿者联合会的赵秀英会长是立志"终生做志愿"的典型代表。从三甲医院退休的她，加入了志愿服务的队伍，放弃了医院的高薪聘任，只为"终生做志愿"。赵秀英会长深谙党的方针政策和优秀传统文化，通过思想上的引领，在助残助老助学方面开展的活动效果非常好，不仅改善了特困老人、残疾人、贫困儿童的生活，还对其进行励志教育，培养了他们的品德和德行。尽管在做服务的时候遇到过很多困难，也有别人的不理解和闲言碎语，但赵秀英会长说："服务时困难重重，我们慢慢克服，从没说过放弃不干了。现在一切都好了，老人就是我们的家人，俺也是老人们的亲人。几天不去，他们会想念我们，盼望我们去。"

赵秀英会长还成立了专项助残服务队，常年开展助残活动。她带领志愿者们走进残疾儿童、残疾人家庭，帮助残疾人就业等，服务残疾人近80人（家庭）。除此，她还组织单县志愿者联合会与单县聋哑学校结成帮扶对子，定期去学校看望这些特殊儿童，让孩子们感受到社会对他们的关爱。

专栏 4-6

赵秀英：从白衣天使到爱心使者

赵秀英，1958 年生，中共党员，现任单县新联会常务副会长和单

县志愿者联合会会长。从医护工作者岗位退休后，赵秀英加入了志愿服务的队伍，放弃了医院的高薪聘任，只为"终生做志愿"。从 1998 年至今累计参加志愿服务时数约 2 万小时。其主要事迹有：

一、组织开展关爱留守儿童活动。赵秀英担任志愿者联合会会长以来，把关爱留守儿童作为常态的志愿服务活动。带他们参观单县城区的建设成果，拓展了留守儿童的视野，为留守儿童送去节日礼物 3000 多份。

二、组织开展关爱农民工活动。赵秀英带领志愿者们把参与单县建设的农民工兄弟当成自己的亲人，定期或不定期地为农民工兄弟送医疗、送健康，组织医疗志愿服务小分队，深入建筑工地，为农民工免费体检身体，送茶送水。

三、组织开展关爱空巢孤寡老人活动。赵秀英带领志愿者们常年坚持不懈参与社区、敬老院服务活动 2000 多人次，给他们洗脚、洗衣、理发、打扫卫生，服务老弱病残上千人。

四、大力弘扬传统文化。赵秀英在单县创办了单县"孔子学堂"。2015 年被中国孔子基金会评为"全国十佳学堂"。赵秀英组织策划了"中华优秀传统文化论坛"，在湖西会务中心、孔子学堂、曹店、家政学院、四君子酒厂等开设了幸福人生、连根养根、孝道、家和万事兴、养生等传统文化讲座。

赵秀英深谙优秀传统文化和党的方针政策，在思想上、行动上努力与党中央保持高度一致。她用自己的行动，奉献社会，倡导文明，积极做善文化的实践者和传播者。

无私奉献不求回报的志愿精神还体现在成武县志愿者协会的发起人、掌舵人——现兼任协会党支部书记的张斌身上，他也是用自己的力量致力于公益事业的一员。张书记谈到，他们第一次去敬老院时，敬老院的老人端着饺子流着眼泪说："多少年没吃到这么好吃的饺子了，你们还亲自给我们这些老人包，还下（煮）饺子再端来。"就是从那时起，他就决定一定要做好为老服务工作，尽自己最大的力量去服务这些需要照顾的孤寡老人。

在公益路上，他默默奉献，至今已十多个春秋。每到周末，他都组织带领着志愿者们开展公益活动。去乡镇农村调查特困大学新生家庭状况，帮助大学生圆梦；去养老院帮老人们打扫卫生，为老人们包水饺和做可口饭菜，亲情陪护老人，给老人带去生活用品和礼品。

2019年4月，成武县党集镇前李楼村退伍老兵李留进老人，卧病在床30年，褥疮入骨，老人异常痛苦。当张斌得知这一情况后，立马就与党支部和理事会一班人研究决定，帮助李留进老人医治这一顽疾。多方打听为其联系了擅长这类顽疾诊疗的县博爱医院进行免费治疗。目前疮口已经愈合结痂，解除了老人的病痛。其家人为表示感激之情，给协会送来了一面锦旗，上面写着"弘扬志愿精神，建设文明成武"。

专栏 4-7

成武县志愿者协会舵手张斌的公益故事

张斌，男，1974年8月出生，山东成武人，1998年6月光荣地加入中国共产党，中级经济师（工商管理）。1997年6月毕业于菏泽师专外语系，曾任校学生会副主席、外语系学生会主席。曾任县委群工办副主任，现任县退伍军人事务局党组成员、副局长。2010年，他与于兴兵等人发起设立了公益社团组织，曾兼任协会秘书长、会长，现兼任协会党支部书记。

青年时代的他，深受保尔精神、雷锋事迹等影响，乐于助人，乐于奉献。早在中学时代，即树立为社会作贡献的人生观。1995年9月，升入菏泽师专外语系学习，在大学里，他如鱼得水，尤其在校学生会任副主席期间，亲自组织学生开展各种公益活动，组织学生清明节到革命公墓去扫墓，打扫卫生；帮助交通警察执勤，到菏泽何楼敬老院陪护老人，到社区进行志愿服务等。在活动中，和校友一起为创造和谐校园贡献自己的青春和力量，并为之后的公益之路奠定了坚实基础。

2011年11月，张斌申请成立了协会团委，带领青年志愿者开展各类公益活动。2012年定名为成武县志愿者协会，2014年3月注册，该协会是成武县第一家公益社团组织。经过共同努力，协会从无到有，从少到多，队伍由小到大，逐渐成为一张亮丽的城市名片，主要开展助老、助学、助残、献血服务等志愿服务活动。

"积水成渊，聚沙成塔。"在破解老弱病残难题的进程中，群众的参与力量不容小觑，和谐之花有了干群一同用辛勤的汗水浇灌，势必能开得更加绚烂夺目。

第五章　内部增能：激发内生动力，实现老弱病残群体的脱贫发展

习近平总书记指出，坚持开发式扶贫方针，把发展作为解决贫困的根本途径，既扶贫又扶志，调动扶贫对象的积极性，提高其发展能力，发挥其主体作用。只要有信心，黄土变成金。贫困不是不可改变的宿命。人穷志不能短，扶贫必先扶志。要做好对贫困地区干部群众的宣传、教育、培训、组织工作，让他们的心热起来、行动起来，引导他们树立"宁愿苦干，不愿苦熬"的观念，自力更生、艰苦奋斗，靠辛勤劳动改变贫困落后面貌。贫困群众既是脱贫攻坚的对象，更是脱贫致富的主体。摆脱贫困首先并不是摆脱物质贫困，而是摆脱物质和意识的贫困。扶贫必扶智，治贫先治愚。脱贫致富不仅要注意"富口袋"，更要注意"富脑袋"。要统筹安排使用扶贫资源，把各部门制定的政策措施落实到位，创造可持续发展条件，激活内生动力。可以看出，习近平总书记的上述论述，其根本要求就是在脱贫攻坚中，要始终强调发挥贫困人口的主体性、能动性和创造性，并倡导艰苦奋斗、自力更生精神，把内生动力激发、提升、培育作为精准扶贫和精准脱贫的重要内容与根本目标，以实现贫困地区贫困人口的内源式发展。

让每一个社会成员都能坐上发展的列车，实现发展的权利，融入并认同发展的过程，是贫困治理的核心目标。农村地区的老弱病残等弱势群体实际上很容易被隔离在这个过程之外，从而成为贫困长期稳定的承受者。农村老弱病残等群体与其他贫困群体一样，既是脱贫攻坚的对象，又是脱贫致富的主体。菏泽在脱贫攻坚过程中深刻认识到，扶贫不仅要扶物质，也要扶精神、扶智力、扶文化。有效发挥老弱病残等弱势群体的积极性、主动性，创新各类有利于调动老弱病残等群体参与的途径方式，把扶贫脱贫与老弱病残群众的自我发展能力建设结合起来，成为打赢脱贫攻坚战的重要保障。如何更好地发挥文化对脱贫攻坚的渗透力和影响力，破解农村老弱病残等弱势群体治理问题？菏泽市有自己的独特"秘方"，通过开展智志双扶、传承孝善美德、榜样典型示范等多种方式，调动群众发挥主体力量，引导群众积极参与乡村治理，破解了"干部干、群众看"的难题，让更多老弱病残等困难群众从"要我脱贫"转变成"我要脱贫"，助推文化软实力转化为经济硬实力，提升了贫困地区造血功能。

一、开展志智双扶，实现精神脱贫

党的十九大报告部署："坚决打赢脱贫攻坚战。让贫困人口和贫困地区同全国一道进入全面小康社会……坚持大扶贫格局，注重扶贫同扶志、扶智相结合……确保到 2020 年我国现行标准下农村贫困人口实现脱贫，贫困县全部摘帽，解决区域性整体贫困，做到脱真贫、真脱贫。"扶贫先扶志，扶志就是扶思想、扶观念、扶信心，帮助贫困群众树立脱离贫困、摆脱贫困的斗志和勇气。扶贫必扶智，扶智就是扶知识、扶技术、扶思路，帮助和指导贫困群众提升脱贫致富的能力和素质。在推进农村老弱病残群体扶志扶智过程中，菏泽市注重消除乐贫观念，提振老弱病残群体的脱贫志气；营造脱贫环境，提升老弱病残群体自我发展能力；聚焦脱贫路径，抱团创业共同发展。

（一）消除乐贫观念，提振脱贫志气

近年来，贫困农户，尤其是老弱病残等弱势群体内生动力不足的现象多有报道，研究者也偶有讨论。内生动力不足的原因错综复杂，既有社会多重因素的影响，也有贫困个体的主观原因，且精神贫困始终是主观上的首要根源。精神贫困就是指人的思想道德、价值观念、习惯与风尚等精神状态、价值取向、生活观念等不能满足现实需要，落后于社会主流生活，与社会不相适应甚至抵触的心理状态，往往在扶贫实践中表现为"乐贫"观念。一个地方的贫困，主要是两个方面的贫困，一是物质上的贫困，二是精神上的贫苦。相比较而言，体现为"乐贫"观念的精神贫困更具有隐蔽性和传播性，产生的社会负面影响也更大。它会逐渐消磨人们脱贫致富的意志，使人逐渐失去向贫困命运挑战的精神动力。

因此，要想让老弱病残等弱势群体彻底摆脱贫困，必须消除部分群众身上存在的"乐贫"观念，从而将他们自主脱贫的能力扶起来，提高他们自主发展的能动性与主动性。为了将市县直部门单位的职能优势、帮扶干部的技能特长与调动贫困群众积极性、主动性相结合，菏泽市组织1267个市县单位与1576个扶贫工作重点村签订精准扶贫到村双向承诺书6304份，4.9万名干部与22万户贫困户签订精准扶贫到户双向承诺书，拉起帮扶人与被帮扶人责任落实"两条链"。帮扶单位、帮扶干部根据贫困村、贫困户实际，帮助选定主导产业，改善了贫困人口生产生活条件，增强了内生动力。2017年至2018年年底期间脱贫的48万人中70%是靠自身努力发展种养业和劳动就业脱贫，实现了由"要我脱贫"到"我要脱贫"的转变。

例如，鄄城县董口镇臧庄村有对"懒汉"兄弟，大哥叫臧建，2020年59岁；弟弟叫臧俊，2020年55岁，患有癫痫病。他们俩相依为命，除了微薄的种地收入，就是每月领取的低保金。生活没有什么希望，兄弟俩越来越懒惰，整天游手好闲，靠吃低保生活，有时也向乡亲们赊账，时间长了大伙都不待见他。顶着老光棍儿的名儿，臧建两兄弟日渐抬不起头。

眼看这对贫困"懒汉"带不动，镇里想办法发动臧建的本家爷们臧好亮，给他做思想工作："我也是贫困户，现在我也脱贫了，我一年种一亩菜能卖两三千块钱。你现在吃点盐，人家都不给你赊，你得好好干，打个工，勤出力，勤干活……"臧好亮的话，让臧建抬不起头。到了年尾，臧庄村开起了扶贫先进个人表彰大会，看着关系不错的几个老伙计脱了贫，臧建眼红了。他说："看到人家，我心里不得劲，还是咱干得不好，以后好好地干。"

臧建想干活了。但到底干什么呢？怎样使这样的贫困户脱贫致富？成了帮扶干部的一块"心病"。如何把懒汉这块硬骨头拿下，镇党委和包村人员动了一大番脑筋。经走访得知，臧建本人之前有做豆腐的手艺，不过他的加工设备闲置多年，已经不能再用了。包保人员经过多次走访，交心谈心，了解臧建的想法，激发他的动力。眼看时机成熟，臧建又承担不起买加工豆腐的新设备费用，镇里从扶贫资金里拿出1300块钱，借给臧建买专业设备。收到豆腐加工设备后，臧建高兴地给镇政府签下了脱贫保证书。

图 5-1　臧建的"懒汉豆腐"香飘四方

"换豆腐，买豆腐哩……"这是每天上午，臧建在下乡卖豆腐时，随身带的"小喇叭"发出的叫卖声。臧建每天凌晨两三点起床开始做豆腐，由于夏季天热，没有冰箱无法保存只能做一块豆腐。早上七八点做好后，开始走街串巷，溜乡卖豆腐，听见臧建卖豆腐来了，等候多时的乡亲们紧紧地围上来。"老臧，我要六块钱的豆腐！""我也要二斤豆腐！"……臧建一边称豆腐，一边收钱。一上午，臧建用土法磨出的手工豆腐就卖了个精光。

如今，臧建豆腐生意做得一天比一天红火，性格也比之前开朗了很多。"吃不愁，穿不愁，想吃肉就买肉，想吃香来，买香油，想穿新衣，买成品，想抽香烟来盒小名牌。小庭院，干干净，精神爽，少生病；骑电车，卖豆腐，唱小曲，把钱挣。"说到以后的打算，臧建高兴地说："等钱多了，修缮一下院落，找个老伴做个帮手。"

（二）营造脱贫环境，提升发展能力

农村老弱病残等群体当中相当数量的人具有一定劳动能力，且拥有较强的脱贫发展愿望。然而，生产要素的缺乏一定程度上造成农村老弱病残等弱势群体在物质上处于贫困状态。一方面，虽然有一定的土地、山林等自然资源，但数量有限，除了在土地上获得微薄的经济收入外，基本上无法通过土地、山林等自然资源的经营或出租获得可观的经营性收入或资产性收入。另一方面，农村老弱病残群体中有一定劳动能力的人虽然有希望通过发展种植业、养殖业实现脱贫致富的愿望，但他们难以从商业银行获得贷款支持。

菏泽市根据老人、残疾人、因病致贫人群的发展需求，提高帮扶政策的瞄准度，建立农村老弱病残群体的综合性社会支持系统，通过技能培训、扶贫小额贷款等开发式扶贫方式营造发展环境、提供发展机会，促进具有劳动能力和生产愿望的农村老弱病残群体主动脱贫发展。

魏留臣是成武县永昌街道水口村村民，49岁，先天性侏儒症患者，身高只有1.2米。由于先天残疾，魏留臣仅上了三年小学。早年间他南下

打工，看仓库、守厂门，也送过外卖，都没太长久。2014 年，魏留臣被确定为建档立卡贫困户，包村扶贫干部和村干部经常向他宣传扶贫政策。2016 年，在街道、村、帮扶干部的大力支持下，他通过银行贷款 5 万元，创办水口村肉鸭养殖基地。

图 5-2　成武县水口村魏留臣在肉鸭养殖基地

"我每年都要参加政府和养殖企业组织的肉鸭养殖技术培训班。"魏留臣说，肉鸭养殖上没有小事，稍有不慎就有可能"惨遭灭团"。2016 年年底，因为疏忽，他整棚的雏鸭得了病毒性肝炎，一下子损失了 8000 多元。2017 年，魏留臣获得成武产业奖补资金 5000 元。如今，魏留臣吃住都在养殖场，全面掌握了肉鸭养殖技术。

"肉鸭养殖前期投入比较多，但只要管理好就没问题。我现在一年稳定出栏 6 万只肉鸭，未来还要扩大养殖规模。"他充满信心地说。

在村民们的眼里，魏留臣是一个乐于助人的人。路上遇到人喝醉酒，他帮忙送回家；遇到邻居吵架，他主动跑去劝和……"魏留臣帮助邻里，在村里很有威信，周围不少人都服他。"水口村党支部书记宋聚峰说。

作为建档立卡贫困户，魏留臣不等不靠。早在 2018 年，魏留臣的养殖事业刚有点起色，他就主动申请不再吃低保。魏留臣说道，"低保户是我自己退的，咱感觉得给那些有需要的人，咱不是说得多高大上，我感觉现在养鸭赚钱，自己还能去工地上焊接管道挣点钱，干不太多，一天一百来块钱，带着几个徒弟焊接管道，够吃够用，现在孩子上学也不怎么花钱，政策好，就把低保退了，给他们有需要的人。"

已经是两个孩子父亲的魏留臣说，创业至今得到很多帮助和支持，现在总想着为社会做点什么。在魏留臣的带动下，水口村有 9 户农户发展肉鸭养殖，其中包括 2 个因病致贫户，魏留臣无偿为他们提供技术指导和服务。"我要帮助更多的人，让他们转变思想，彻底告别'等靠要'，大家一起靠双手过上好日子。"

（三）聚焦脱贫路径，抱团共同创业

农村老弱病残等弱势群体容易陷入贫困，除了具有各自的先天弱势条件以外，往往还有以下两个方面的共同原因。一是社会支持网络的弱化或缺位，导致农村老弱病残等弱势群体获取资源的能力下降。在社会转型背景下，尤其是在农村地区，随着家庭结构的离心化和分散化，家庭所承载的非正式支持的功能逐渐弱化，留守老人、留守儿童、残疾人、患大病的农户成为农村的严重社会问题。二是社会排斥，尤其是就业市场的排斥，导致农村老弱病残等弱势群体参与不足。农村老人、残疾人虽然具有一定的劳动能力，但由于天然的身体机能障碍，往往在就业市场上处于弱势位置。

可以看出，由于功能障碍、机会缺乏、支持缺失等原因，农村老弱病残群体处于不利的社会经济地位。为了解决上述问题，菏泽市在推动农村老弱病残等弱势群体脱贫发展过程中，除了积极引入多方资源营造发展环境和机会以外，更在于积极引导农村老弱病残等弱势群体抱团发展，发挥其在"自助"中的行动潜能和主观能动性，共同建构起农村弱

势群体脱贫发展的内部支持与行动网络。

例如，为了帮助有一定文化知识、生活能够自理的残疾人创业，帮助他们早日脱贫，郓城县残联常年举办残疾人电商培训班，为全县18周岁至45周岁有从事电商意愿的残疾人进行免费培训2个月。2016年以来，先后举办培训班8期，培训学员202名。培训期间，培训费、食宿费全免，并推荐到电商创业园就业。2017年2月，郓城绅联跨境电子商务有限公司得知此事后，主动联系郓城县残联，为16名残疾电子商务学员，免费提供场所、电子商务的各类设备以及食宿。如今，他们已各自注册自己的公司，成了名副其实的电商小老板。

图 5-3　郓城县 16 名残疾人抱团创业，共同致富

上述郓城县16名残疾人抱团创业，他们来自不同乡镇，原本互不相识，年龄最大的47岁、最小的只有16岁，都患各种不同的残疾。不同的生活磨难，让他们更懂得珍惜生活和对美好生活的渴望与追求。他们说："多亏有了党的脱贫致富的好政策，多亏政府帮助我们解决了实际困

难，才使得我们从过去自我封闭的状态中解脱出来，才使我们走上了一条正确的脱贫之路。"

更为重要的是，通过"重塑共同体"，为残疾人创造出了人格化的社会交往机会。正如张全兴所说："在我23岁时，一场突如其来的病痛（强直性脊柱炎）把我从天堂狠狠地打到了地狱。24年来，我的生活一团糟，因为残疾找不到任何工作，因为残疾受到其他人的冷漠和嘲讽，因为残疾成不了家庭，因为残疾，我越来越失去活下去的勇气，双亲去世以后我完全依靠政府生活保障金度日。在经历了无数次的绝望之后，我终于找到了能够从事的职业，那就是电子商务。2015年的9月，在政府和残联联合举办的电子商务培训班上，我学习了电子商务淘宝课程，开始接触电子商务。在那里我不但学习了丰富的知识，找到了谋生的途径，还结交了一些同为残疾但身残志不残的朋友，看到了生活希望，更坚定了自己的人生理想。"

图 5-4 张全兴通过电商走上脱贫之路

二、传承孝善美德，弘扬敬老精神

孝文化是中华民族的重要精神财富，尊老、敬老、爱老是中华民族的优良传统。在我国农村，养老的突出特点就是以孝养老，传统孝道作为伦理道德准则和行为规范，在我国传统家庭养老中起着规范和约束作用，成为调节代际关系的基本准则。改革开放以后，伴随市场经济的发展和社会转型，核心家庭的增加、代际居住方式的变化、价值观的转变、人口流动等诸多要素，对孝文化在农村的传承提出挑战。特别是在贫困农村地区，孝文化的衰落导致家庭养老的弱化，成为老年人陷入贫困的重要因素。在脱贫攻坚阶段，菏泽市通过重塑农村家庭的孝文化，在全社会形成敬老、爱老观念的同时，也引导子女主动赡养父母，构成了老年群体实现长效脱贫发展的重要机制。

（一）举行敬老活动，全社会形成敬老观念

在农村地区，伴随家庭规模的小型化、核心化，以及城镇化和工业化背景下人口流动的常态化，农村老人从传统支持性要素中获得的经济支持、生活照料和精神慰藉越来越少。一方面，家庭结构小型化意味着为农村老人提供经济供给、生活照料和精神慰藉的人越来越少，传统的多子多福观念正在被少子化的现实所击破。另一方面，"父母在，不远游"的观念正在被人口流动常态化的现实所侵蚀，农村劳动力外出务工，多数留守老人、空巢老人得不到日常照料和精神慰藉。在此基础上，在农村社会逐渐形成了"忽视"老年人的一种"共谋"，农村养老的氛围逐渐淡化，老年人在农村社会结构中的主导性地位逐渐转化成了边缘性地位。

可以看出，在全社会重塑养老观念，形成一种敬老、爱老、尊老、护老的乡风文明，成为解决老年贫困问题的重要抓手。菏泽市在脱贫攻坚实践中充分认识到了这一点，通过举办多种多样的敬老活动，如敬老饺子宴、评选好媳妇好婆婆、孝老爱亲道德模范等，旨在形成一种积极向上的敬老风尚。在这一过程中，菏泽市的创新实践低成本地动员和利

用了既有的存量资源，其核心的机制就在于通过重塑"养老共同体"，在全社会成功形成了一种养老、爱老、敬老的氛围，成为人们在日常生活中的自觉意识。

"尽管同住一个村，俺们却不常见面。如今，大伙儿聚在一起拉家常话，吃热乎乎的水饺，心里也是热乎乎的。感谢党和政府，当年老八路的作风又回来了！"93 岁的老寿星张元奇在饺子宴上感叹道。

单县是"中国长寿之乡"，素有孝善文化传统。为了更好地弘扬这种优秀传统文化，大力提升村民素质和乡村德治水平，单县县委、县政府积极推进孝善治村，在全县范围积极倡导各村举办孝老敬亲饺子宴。2018 年 4 月 23 日，高老家乡张武楼村、尚楼村率先成立了孝善敬老理事会，县驻村工作队、乡村干部及企业帮扶人员捐献了首笔基金。4 月 24 日，张武楼村圆满举办了第一期饺子宴，为其他各村树立了榜样。直至2020 年 11 月，随着孝老敬亲饺子宴在全县逐步推广，张武楼村已举办孝老敬亲饺子宴 11 期，全县 50 多个村举办了饺子宴 60 余场。

图 5-5 孝善敬老饺子宴

按照"自愿缴纳、家庭为主、子女首孝、社会互助"的原则，各村成立孝善敬老理事会，设立孝善基金，作为举办饺子宴的资金。同时，组织评选、表彰孝善敬老模范个人和家庭。理事会还组织村民代表把"孝老敬亲"写进《村规民约》，并时常在大喇叭上广播"尊老敬老的事儿"。孝善敬老理事会的成员经由村民代表大会推举产生，他们都是老幼皆知的大孝子，有资格在大喇叭上"吆喝"；他们德高望重，以德服人，在群众中素有威信，办事公道，让群众心悦诚服。在县乡两级党委、政府的组织和指导下，孝善敬老理事会既是乡村饺子宴的主要操办者，也在弘扬孝善文化、传习乡风文明、推进基层自治工作重心下移中发挥了重要作用。

在总结实践基础上，单县确定了饺子宴"5+N"活动程序。"5"即唱红歌、上党课、讲故事、过生日、谈心愿，尤其是通过讲述大家身边孝老敬老的事例，让"善文化"广泛传播，教育影响了更多的人。刘土城村有一位叫王素玲的村民，性格比较泼辣，有时对自家老人耐心不是很足，参加了几次饺子宴深受感动，不仅出资承办了一届饺子宴，对待老人和村邻的态度也大大转变，成了村里的一位典型。

吃饺子，又不单单是吃饺子。吃的是饺子，传习的是几千年来孝善文化和更多乡土文明的精粹，搭建的是聚民心、筑同心的平台。以吃饺子为"主要项目"，单县的饺子宴充分发挥，衍生出"1+N"多种形式。例如，李田楼镇时庄村借助饺子宴为老人们发放爱心毛毯，谢集镇李村寺村在饺子宴上组织义务理发队为老人理发，张集镇在饺子宴后为老人洗脚洗头，徐寨镇组医疗队义务为老人查体……在单县，孝老敬亲饺子宴成为乡村的"盛会"，也是乡亲们心中的"盛会"。它既是乡亲乡情连接的谈话场和聚集地，让群众收获了实惠和便利，也是县乡机关干部和村委干部交流工作经验、工作方法的好机会，更是在潜移默化中，对孩子们进行爱老孝老敬老美德言传身教的好场合。

图 5-6 郓城县孝老爱亲活动现场

　　孝道是中华民族的传统美德，是传统文化的精髓，除了单县，菏泽市各市县都对孝善文化的实践方式有着积极探索。郓城县把弘扬传统文化作为新时代精神文明建设的重要抓手，"孝道文化"已成为推动郓城加快发展的强大精神力量。

　　郓城县为弘扬孝文化做了大量工作，涌现出大量孝道典型，通过举办大型活动，对"郓城县孝老爱亲道德模范"进行了隆重表彰，目的是要树典型、扬正气、正家风。这些道德模范在平凡的生活中为家庭和睦和社区和谐作出了贡献，赢得了家人、邻里和社会的赞美，他们的事迹是郓城县孝老爱亲道德的一个缩影。倡导了尊老爱老敬老助老的良好社会风尚，对于传播孝道美德、弘扬传统文化，提升软实力具有十分重要的意义。

（二）设立孝善基金，引导子女主动赡养父母

　　百善孝为先，子女对父母有赡养扶助的义务，当父母年老后，子女也应当履行经济上供养、生活上照料和精神上慰藉的义务，照顾老人的

特殊需要。在农村地区，由于子女后代多或子女忙于自己的生计，老年人很可能面临"久病床前无孝子"的困境。其中既有"抽不开身"等客观原因限制，也可能有相互推卸责任的主观因素。因此通过村规民约、协议约束等形式来对子女赡养老人进行管理和规定十分有必要，一方面可以预防和杜绝子女推卸责任、把老人推向政府养老的非正常现象，切实解决贫困老人稳定脱贫问题；另一方面可以让农村贫困老人重新融入家庭，感受家庭的温暖。

为深入贯彻落实关于脱贫攻坚决策部署，进一步落实政府尽职、社会尽责、市场尽能、邻里尽情、子女尽孝、个人尽力的"六元互动"综合保障体系，弘扬孝老敬亲文化传统，扎实解决贫困人口中老弱病残、鳏寡孤独等特困群体的稳定脱贫难题，菏泽市大力开展孝善养老，采取道德约束、法律援助、人民调解等多种形式，教育引导子女履行赡养义务，助力农村贫困老人精准脱贫。

以单县高韦庄镇为例，2019 年 8 月，高韦庄镇召开"孝善养老、助力扶贫"动员大会，公布了《高韦庄镇关于"孝善养老、助力扶贫"活动方案》，明确签订孝善养老协议的 60 岁以上有子女的建档立卡贫困户，每个子女每人每月至少为自己的父母交孝善养老基金 100 元，镇政府通过政府补贴和社会捐资的方式对每位贫困老人每月补贴 10 元。

为有效推进活动开展，镇政府成立"高韦庄镇孝善养老基金会"，并在镇民政所设立办公室，镇财政所设立专门的孝善养老基金账号，确保专款专用和孝善养老基金的及时发放。同时每个村成立了孝善养老基金理事会，会长由各村支部书记担任，并推选群众威信高、为人公道、坚持正义、乐于奉献的党员或群众担任理事会成员，监督管理孝善养老基金的收取与发放。

为了在高韦庄全镇范围内营造浓厚的活动氛围，印发孝善养老倡议书 5000 余份，做到贫困家庭老人子女全覆盖；悬挂孝善养老宣传条幅 100 余条，镇村主要交通要道、村广场等人流量较大的场合全部悬挂条幅；邀请县广播电视台播音员录制了活动方案及倡议书录音，各行政村利用早、中、晚三个时间段循环播放。全镇形成铺天盖地的"孝善养老、助力扶贫"活动宣传氛围，尊老、爱老、孝老、养老传统美德深入人心。

高韦庄镇马寨村马保祥老人说道，"孝心基金当时搞得可热闹了，村里的喇叭天天喊。孩子们知道这事儿，老人们也知道这事儿。接着村里开会，成立了孝善基金理事会。作为老人代表，我也是里面的一员。我记得当时开了好几场大会，反正大伙都认为这事儿在理，在村里推行这事儿应该没有太大问题。我们这里吧，孩子们都还算孝顺，只有在逢年过节给老人们钱，平时没有给钱的习惯。但是现在这些人情世故、大事小情的，老人们也会花出去一些钱，所以弄孝善养老基金这事很有必要。孩子们也都能拿得出这钱，还解决了我们（老人们）的问题。"

高韦庄镇各村积极鼓励、引导企业老板、个体大户、在外能人等社会各界捐款，筹集的善款定向计入本村孝善养老基金，存入镇孝善养老基金专用账户，用于本村鳏寡孤独老人的孝善养老基金和对贫困户实施大病救助、临时救助和教育救助等。对各村孝善养老基金，定期进行公布，不但可以确保资金阳光化操作，也在各村之间形成对比，激励各村能人、大户积极参与，踊跃捐款。

2017 年 7 月至 2018 年 4 月，全镇各村"孝善养老、助力扶贫"活动已进入扫尾阶段，各村共缴纳孝善养老基金 100 余万元，企业老板、大户、第一书记、帮扶责任人等募捐孝善养老基金 10 余万元，镇财政补贴基金 20 余万元，全镇孝善养老协议签订率已超过 90%，有效促进了子女对父母的赡养。在此基础上，通过本次活动的开展，高韦庄全镇形成了尊老、敬老、孝老、养老的新风尚，孝道逐渐成为村民的自觉行为，儿女争相尽孝心，从而全面奏响社会扶贫大合唱。

高韦庄镇马寨村蔡振轩老人感慨道，"我们老两口也挣不来钱，但是吧，平常有个小病小灾啥的，用钱的时候日子就紧巴。孩子们都很孝顺，平常也会给我们钱，但是根本不够看病用。我们两口子也不好意思跟孩子们要钱，所以有时候得病了，能靠就靠一段时间，实在靠不住了才去卫生所拿点药。所以说，孝心基金这个事儿真的很好，孩子们直接把钱给村里，政府还会补贴一点，去年我一共拿了 3300 块钱，足够我们用了，生活吃药什么的也都够花，鸡蛋不断，油不断，解决了我们两口子的一大难题。据我了解，现在村里符合条件的老人都有这个钱，孩子们都越来越孝顺了，我们这些老人生活得也越来越有劲儿，感谢党的好政策"。

三、榜样典型示范，带头引领发展

"火车跑得快，全靠车头带"。要打通脱贫攻坚最后一公里，主要靠人来实现。习近平总书记指出，要深入推进脱贫攻坚工作，培育农村致富带头人，促进乡土本土人才回流，打造一支"不走的扶贫工作队"。在贫困地区，培育农村致富带头人，成为脱贫攻坚形势下实施精准扶贫的治本之策。进一步理解，在脱贫攻坚时期内，迫切需要一大批致富带头人，发挥致富带头人作为带动本村经济发展的"催化剂"、拉动贫困人口增收致富的"火车头"。不乏一些有闯劲儿的贫困人口，他们有的起点极低，甚至有的都不具备健康的体魄，他们不甘贫困、不甘落后，凭借着一股子韧劲儿在政府政策的帮扶下走出了一条条脱贫奔小康的康庄大道，其中也包括老弱病残群体。他们不仅影响了自己的一生，也是周边的贫困人口脱贫的精神力量和引领力量。

在菏泽市脱贫攻坚实践中，老弱病残群体虽然具有弱劳动能力或半劳动能力，但在政府有力帮扶下，许多人都走上了脱贫发展的道路，涌现出一批批生动感人的脱贫先进典型。他们直面贫困、不畏艰难、勇于创新、干事创业，在党委政府的带动下，一步步走出贫穷，坚定信心、积极行动。菏泽市广泛搜集这些脱贫先进典型，形成了有代表性的、可复制可推广的脱贫案例，通过强化社会宣传，发挥了榜样引领的作用。其中，许多脱贫佼佼者亦反哺社会，成为远近闻名的农村创业致富带头人，不仅给周边的邻居朋友传递了正能量，也通过自己的力量带动帮助其他贫困人口实现稳定脱贫。

（一）身残志坚，典型示范树样子

坚持群众主体，激发内生动力。在扶贫与扶志、扶智相结合的攻坚路上，发挥奋进致富典型的示范引领作用，有利于营造勤劳致富、光荣脱贫的良好氛围，从精神上引导贫困户树立自强自立、脱贫光荣的理念，增强"摆脱贫困、改变命运"的信心。同时，对贫困地区广大干部群众来说，有了先进典型的示范引路，可以避免走入"盲人摸象""闭门造车"的误区，通过对脱贫攻坚好经验、好做法的学习，从而转换理念、拓宽思路、打开工作局面。

"羊群走路靠头羊"，榜样的力量是无穷的，精神的力量是伟大的。菏泽市深入挖掘、培育、推树典型人物和先进事迹，积极利用"牡丹晚报扶贫专刊""菏泽广播电台扶贫频道"等专栏和频道，加强社会宣传，使群众有新观念、新思路、好经验、好做法。通过推广先进典型的经验，来凝聚向优秀典型看齐的动力，调动贫困群众的主观能动性。多年来，菏泽市涌现出一批批生动感人的脱贫先进典型，在脱贫致富路上树好了榜样！

菏泽市经济开发区佃户屯街道办事处朱大庙社区的朱红雨，自幼因病导致腿脚残疾，而让人意想不到的是，她带领着当地一批贫困户干起了服装加工产业，通过服装加工走上了脱贫致富的小康路。

朱红雨1岁多时不幸患上了小儿麻痹症，她左腿走路困难，属于肢体三级残疾。16岁的朱红雨就到菏泽市里三角花园一个名叫姐妹服装裁剪学校拜师学起了缝纫。一年以后，朱红雨的裁缝技巧在十几名师兄妹中出类拔萃，2016年，37岁的朱红雨开始在家进行创业。为响应党的号召，在当地政府的帮助下，朱红雨租赁了开发区佃户屯街道办事处朱大庙社区550平方米的扶贫车间干起了服装加工，一年来，共接下了20多个订单，每月都忙得不可开交，年收入近10万元。

图 5-7　朱红雨在扶贫车间向工人讲授制衣技术

　　走出困境的朱红雨不忘帮助其他残疾人和贫困户，现在她的扶贫车间招收了 2 名残疾人，8 名贫困户，正是朱红雨心地善良，富有爱心的重要体现，以百姓心为心，让她能够带领大家一块创业致富。

　　这些成绩，都得益于朱红雨的坚持，而这种坚持也给她带来更多的荣誉。2016 年 3 月荣获区级服装加工"大姐工坊"示范点；2017 年 5 月荣获省级贫困社区服装加工巾帼脱贫示范点，现有十余名贫困妇女逐步实现脱贫。

　　朱红雨很喜欢霍金说的"我的手还能活动，我的大脑还能思维；我有终身追求的理想，有我爱和爱我的亲人和朋友；对了，我还有一颗感恩的心"。

　　或许，正是因为有这种激励，朱红雨的创业故事才会如此精彩。或许也只有这种精彩，才能体现出一个身残志坚妇女坚守着中国创业梦的理想。

　　同样是身残志坚，鄄城县旧城镇杨屯村陈西胜也走出了属于自己的一片天地。

　　陈西胜中年时因患颈椎肿瘤导致残疾，但他身残志不残，在省人社厅派驻杨屯村第一书记的扶持下，陈西胜通过养殖甲鱼走上了致富的道路，但他并没有忘记乡亲们，陈西胜的鱼塘先后安排了 15 名贫困户和残疾人在养殖场就业，2017 年到 2018 年的两年时间里，他帮助村里 94 家贫困户 140 人实现了脱贫，人均年收入 3840 元，并且在每年春节，中秋节期间，他都亲自登门送给村里贫困户和残疾人每人 2 条鱼和 200 元钱，让他们过一个快乐、祥和的节日。

图 5-8　陈西胜向村民介绍甲鱼养殖技术

　　村民那红梅说："从养殖场建场以来，咱就在这里干活，喂喂鱼，管理管理果树，每天收入 40 元钱，还能照顾家，比外出打工强得多了。"村里贫困户的家庭成员在陈西胜的甲鱼养殖场常年务工，人人有一份稳定的收入，家里的生活也得到了改善，实现了家门口就业。陈西胜还给村民免费提供养殖经验，他经常说："我这一生不容易，村里还有很多不如我的贫困户，生活困难，致富无门。咱有了经济和技术实力，必须得帮帮他们。"

为带动更多的人一起养甲鱼发家致富，他带头成立了黄河生态养殖专业合作社，自己为合作社经理。养殖基地见成效，脱贫攻坚不是梦。陈西胜下一步的打算就是把甲鱼养殖打造成一个集垂钓、餐饮、采摘为一体的休闲渔业生态园，结合产业扶贫，大力发展农家乐，帮助更多的贫困户脱贫。在政府的扶持下，陈西胜凭借顽强的毅力，通过养殖黄河鲤鱼黄河甲鱼、白鲢走上了致富路。经过几年的发展努力，他的养殖基地已初见规模，陈西胜说，"实现村里整体致富奔小康是我最大的愿望和奋斗目标！"

（二）链接资源，营造环境搭台子

脱贫致富目标的实现，有赖于群众主观能动性的发挥，同时合适的发展机遇也十分重要。实践表明，在贫困治理中，以扶贫对象需求为导向、分类施策，使扶贫资源供给与扶贫对象需求有效衔接，实施精准扶贫和实现精准脱贫，这是从根本上解决贫困问题的出路。对于农村老弱病残群体来说，他们拥有一定的劳动能力，但因为身体素质、工作技能、机会缺乏等原因，使得其在进行生活生产时却又比常人困难一些。针对有一定劳动能力但又缺乏就业平台和发展机会的贫困户，有必要根据其自身特点和发展需求，为其链接各种社会资源，帮助他们找到脱贫致富的门路。

菏泽市在精准识别和建档立卡"回头看"中发现，许多贫困人口具备一定劳动能力，但由于种种原因不能或不宜外出打工。这些贫困群众有较强的就业愿望，但苦于没有就近就业的门路和平台。为此，菏泽市因势利导，创新就业方式，拓展就业平台，支持鼓励贫困群众根据自身特点和需求灵活就业。在扶贫、人社、教育等部门资源的支持和培训下，贫困群众不仅能提高自身的工作技能，还能通过自己搭建就业平台为其他人链接资源，提供就业技能培训，争取做到了"人人有岗位"，增强了自立自强、靠辛勤劳动创造美好生活的信心和志气。

成武县董传京1997年出的车祸失去了左腿，经历了很多艰辛和苦难。以前做的传统生意（超市）因为疫情的原因，不得不转行，在疫情期间一个朋友给他提供了一个信息，让他发现了直播行业能解决实体销售难的问题。经过两个多月的苦心研究，董传京掌握了直播平台的卖货技巧，成立众鑫电商，转行做起网络电商销售工作。

图 5-9　董传京在做网络销售直播

与前文的朱红雨、陈西胜不同，董传京主要为残疾人提供学习网络销售的机会的同时，也为他们提供可供销售的一些产品，从而为残疾人的脱贫发展链接资源、搭好台子。董传京说："2020年11月20日，我带领大家创办了一家电商服务公司来更好地服务大家，身为一名残疾人，我知道残疾人创业的艰辛和困难比常人会付出更多。我会把所学到的技术更好地服务于大家，特别是残疾朋友我都会免费送给他们一套直播宝典资料，目前我培训了 200 多名主播人员，他们学成了可以自己干，也可以加入我的团队。总之，重要的是为残疾人朋友服务，让他们多一个谋生的手段，这很重要。"

2021 年 3 月，董传京通过成武县残疾人联合会，首次为部分农村贫困残疾人进行了电商培训。在培训中，董传京发现太多的残疾家人们需要一份能就业的平台了。董传京表示，"我今后会一如既往地陪伴大家把电商行业做下去的，我也非常有自信的让大家都能掌握一项直播或者社群营销的销售技能，我们团队在一年多时间里对接了很多家供应商，都可以为我们提供邮件代发业务。我们只需把网络直播这块儿用心做好就可以，大大降低了我们残疾人朋友创业的成本。"

除了免费为贫困残疾人进行培训外，董传京积极链接外部资源，为残疾人学员从事网络直播销售提供了多个平台和机会。2020 年 4 月，参加成武县汶上镇尚远果蔬种植合作社千亩南瓜园开幕仪式，通过团队的网络直播，大大解决了汶上镇因疫情导致的农产品滞销难题。2020 年 5 月，直播团队参加德州夏津县莱恩万亩樱桃采摘园，进行了直播 3 天的助农活动，通过直播把当地的特产推广到全国各地，让更多的人通过直播看到了当地的农特产，在给当地农民带来经济效益的同时，也增加了直播团队中残疾人群众的直播收入。

（三）积极谋划，脱贫发展找路子

新形势下，构建稳定脱贫的长效机制，实现高质量脱贫是打好打赢脱贫攻坚战、消除绝对贫困、逐步缓解相对贫困的重大举措。如何才算高质量脱贫，可以考虑从贫困群众长期发展的实现来衡量，而外部提供的支持保障和贫困群众内生动力的发挥对长期发展起着关键作用。老话说得好，"要想富，先修路"，在宏观层面的脱贫环境营造好之后，实践层面的脱贫路径也得跟上。对于老弱病残群体而言，找到适合自己发展的脱贫路子尤为重要。一方面是主观能动性的表现，他们通过自己的努力，积极谋划，找到适宜于自己的发展方式。而另一方面是遵循客观实际，在当前所拥有的能力禀赋加上预期能够得到的外部支持的基础上，他们能够在脱贫路上走得更长远。

千条路万条路，关键要让贫困群众找到致富路。菏泽市深入贯彻精准扶贫的思想，通过扶知识、扶技术、扶思路，具体问题具体分析，激励贫困群众开动脑子找寻路子，通过自身努力，找到适合自身发展、摆脱贫困的路径，既符合客观实际，又发挥了主观能动性，真正实现在自己的努力下脱贫致富，改变贫困宿命。

1968 年出生的李从记，是巨野县章缝镇宅李堂村人，因自幼患小儿麻痹症，导致下肢残疾。曾经，他一度活在自卑里，活在无人理解的孤独中。而如今，他通过自己的努力，不但帮助当地及周边县市 27 名残疾群众上岗就业，从事服装的制作生产，还积极适应时代发展潮流，组织残疾群众发展网络直播带货。在李从记的积极谋划和带领下，残疾群众开始用行动诠释奋斗的意义和生命的价值，各自找到了适宜于自己的脱贫路子。

图 5-10 致富带头人李从记

　　李从记高考失败后到大连服装工程学院学习，三年的艰苦学习让他熟练掌握了裁剪技术。2008年，李从记成立定陶金意纺织品有限公司，定陶区残联依托该公司成立了"菏泽市定陶残疾人培训就业扶贫基地"。基地占地面积10000多平方米，现有各种机器设备100多台，特种专业设备20多台，具备承接外贸及内销的各种梭织服装订单的能力。

　　李从记说，"8年来，在各级政府和残联领导的关心和支持下，基地运营良好，订单源源不断，我也和青岛、苏州、武汉、常熟等地的外贸公司建立了长期合作关系，树立了良好的信誉。"截至2021年2月，基地现有员工40多人，其中当地及周边县区就业残疾人10余人，人均工资2000元以上，帮助其他残疾人摆脱了因残致贫的命运。

　　现在随着5G时代的到来，各种视频和直播软件能在手机上得到完美的运行。李从记说："直播＋短视频带货只要一部手机就能完成非常适合残疾人创业、就业。"为了能够抓住这次时代的红利期，李从记又成立了山东丰禾源商贸有限公司，组织残疾人进行电商＋直播短视频培训，形成了以吕金燕、陈明亮、赵保千、刘继荣、程丹丹、游方圆几位残疾人"直播＋短视频"小团队。公司依托残联提供的直播间创业就业，以公司化管理、运营、对接日用百货，化妆品等产品，走上了发展的快车道。

第六章　未来展望：继续巩固提升农村老弱病残群体服务水平

2020 年年底，菏泽市农村老弱病残等贫困弱势群体全部脱贫，但这些群体收入渠道少、自理能力差、生活条件苦，如何巩固并提升农村老弱病残群体服务水平，保障他们的生活与发展，成为菏泽市在新阶段巩固拓展脱贫成果、全面推进乡村振兴的重要问题。

一、完善老弱病残群体防止返贫动态监测和帮扶机制

以脱贫攻坚普查和建档立卡数据为基础，以户籍、低保、医保等方面部门数据共享为依托，合理确定监测标准，建立健全防止返贫大数据监测平台，建立农户申报和核查认定相结合的易致贫返贫老弱病残人口精准识别机制。建立多部门联动的应急帮扶机制，对面临返贫致贫风险的监测对象，在搞清楚风险源头的基础上，采取短期长期相结合帮扶措施，确保农村老弱病残群体不陷入贫困，并能取得长期效果。

二、建立健全农村老弱病残群体常态化帮扶机制

按照分类管理、精准施策基本思路，坚持开发式帮扶和救助式帮扶

并举基本方针，构建全覆盖帮扶网络。对于缺乏劳动力的老弱病残家庭，继续采取低保、医疗等社会救助措施，健全完善"周转房＋幸福院"、"四护一保"、博爱学校等保障机制，织牢兜底网络。对于有劳动力的老弱病残家庭，根据家庭和劳动力具体情况，采取生产扶持、金融扶持、就业扶持等能力建设措施，支持其通过自身能力增收发展。对于农村老弱病残家庭中受教育阶段儿童和青少年，采取经济、社会、心理等多方面支持措施，帮助其接受良好教育。通过加大财政投入，加强福利制度、福利机构建设，不断提高农村老弱病残群体的保障水平。通过购买公共服务等方式，建立健全农村老弱病残群体的社会帮扶体系。继续引导社会组织、志愿者针对老弱病残家庭具体情况，开展针对性、专业化和灵活机动的帮扶工作。

三、持续拓展老弱病残家庭增收机会、增收能力

不断深化农村改革，盘活农村资源资产，增加老弱病残家庭获得资产性收入的机会。持续支持农村特色产业发展，发挥扶贫车间、龙头企业、农民合作社、家庭农场的组织带动作用，增加技术含量，提高产业化水平，减少物流销售成本，不断壮大特色产业。不断完善特色产业利益连接机制和发展带动机制，让老弱病残农户不仅能够合理分享产业发展收益，而且能够有效参与产业发展过程，不断提高发展能力。加强就业支持政策创新，多渠道增加就业机会，进一步提高老弱病残家庭劳动力就业竞争能力，保障老弱病残家庭就业收入持续增长。

四、进一步增强老弱病残家庭的内生发展动力

发挥基层党组织战斗堡垒作用、党员先进模范作用，提升老弱病残群众劳动致富的主动性、积极性。宣传老弱病残自力更生脱贫致富典型，倡导科学观念、市场意识和奋斗精神，抑制和去除陈规陋习，营造积极向上的文明乡风和养老风尚，培育老弱病残家庭不断发展的信念信心。针对内生动力不足的老弱病残农户，摸清原因，分别类型，采取针对性措施，帮助重拾发展动力。